연애할 기운은 없는데
사랑하고 싶어요

연애할 기운은 없는데,
사랑하고 싶어요

초판 1쇄 발행 2020년 4월 23일

지은이 최미정
펴낸이 이지은
펴낸곳 팜파스
책임편집 이은규
표지 디자인 어나더페이퍼
디자인 박진희
마케팅 김민경, 김서희
인쇄 케이피알커뮤니케이션

출판등록 2002년 12월 30일 제10-2536호
주소 서울시 마포구 어울마당로5길 18 팜파스빌딩 2층
대표전화 02-335-3681　　**팩스** 02-335-3743
홈페이지 www.pampasbook.com ｜ blog.naver.com/pampasbook
페이스북 www.facebook.com/pampasbook2018
인스타그램 www.instagram.com/pampasbook
이메일 pampas@pampasbook.com

값 14,000원
ISBN 979-11-7026-330-2 (03190)

- 이 책은 《본의 아니게 연애 공백기》의 개정증보판입니다.
- 이 책의 일부 내용을 인용하거나 발췌하려면 반드시 저작권자의 동의를 얻어야 합니다.
- 잘못된 책은 바꿔 드립니다.

이 도서의 국립중앙도서관 출판예정도서목록(CIP)은 서지정보유통지원시스템 홈페이지
(http://seoji.nl.go.kr)와 국가자료공동목록시스템(http://www.nl.go.kr/kolisnet)에서
이용하실 수 있습니다.(CIP제어번호: CIP2020013348)

똑똑한 연애를 위한
자존감 고양 프로젝트

연애할 기운은 없는데,
    사랑하고 싶어요

최미정 지음

팜파스

연애를 실패할 때마다
발생되는 손실비용

누군가 등을 떠밀지 않더라도, 좋은 사람을 만나 함께 하고 싶습니다. 혼자 있는 시간도 좋지만, 좋은 사람과 함께 있으면 훨씬 행복하기 때문입니다. 하지만 흔히 말하는 '좋은 사람', '괜찮은 사람'이라는 의미는 생각보다 어렵습니다. 도대체 어떤 사람이 좋은 사람이죠?

솔로보다 이 말을 더 빈번히 하는 사람이 있습니다. 회사의 인사 담당자입니다. "괜찮은 사람 어디 없을까요?" "회사에 잘 맞는 좋은 사람이 들어와야 되는데…"라고요. 큰 회사는 '괜찮은 사람' '좋은 사람'을 뽑기 위해 연구를 합니다. 답을 찾았을까요? 지원자의 업무 능력, 가치관, 회사의 조직 문화 등 수 많은 요소가 끼어드는데, 이를 요약하면 회사와 지원자의 궁합(fit)이 맞으면 좋은 사람이 된다고 볼 수 있습니다. 예를 들어 상하 관계를 중시하는 회사에서는 위아래 없이 당당하게 말하는 사람이 들어오면 피차 힘들 수 있습니다. 반면 새로운 아이디어를 쏟아내야 하는 회사의 경우, 윗사람 눈치를 봐서 의견을 말하는 사람이 들어오면 답답할 수 있습니다. 즉, 똑같은 사람이라도 어떤 곳에 가느냐에 따라 꼭 필요한 인재가 될 수도, 미운 오리 새끼가 될 수도 있습니다. 합이 맞지 않는 사람이 입사하면, 지원자도 적응하느라 스트레스를 받고 시간을 낭비하며 결국 퇴사하고 다시 구직하는 비용이 들곤 합니다. 회사는 이보다 더 많은 돈이 듭니다. 조사 결과, 교육 훈련 비용만 6천만 원이 들며, 선발 비용, 재선발, 재훈련 비용 등을 포함하면 사람 한 명을 잘못 뽑음으로 인해 1억 이상의 손실을 본다고 합니다. 그래서 회사에서 인재 연구소 등을 만들고, 선발 방법을 연구하며 사람을 잘 뽑고 잘 길러내기 위해 비용을 들이는 것이겠지요. 선발에 투자하는 것이 잘못 뽑는 사람으로 인한 손실보다 적기 때문입니다.

연애할 때도 사람을 만나는 것을 비용으로 살펴보면, '좋은 사람 탐색 비용, 서로 적응해 가는 비용, 이별의 상처를 극복하는 비용, 다시 연애하기 위해 용기 내는 비용, 다시 탐색하는 비용' 등이 있습니다. 이 비용은 얼마 정도 될까요? 회사는 사람 나가면 '또 뽑으면 되지 뭐'라고 생각할 수도 있습니다만, 연애는 가뿐히 털어내지 못하고 마음고생하는 비용까지 고려하면 회사에서 사람을 잘못 뽑는 것보다 훨씬 손실이 클 것입니다. 하지만 예상 손실이 상당함에도 불구하고, 연애는 '운명' 또는 '인연'이라는 허울 좋은 말을 믿으며, 노력하지 않아도 어떻게 될 것이라고 생각을 하지요.

연애를 못하면 부족한 사람 취급을 하면서도, 연애를 위해 공부를 하는 것은 우습게 보는 풍토가 있는 탓입니다. '대학 가면 다 생겨', '보통 취직하고 1~2년 되면 사람 만나 결혼하지'라며 연애가 나이 들면 늙는 노화처럼 저절로 일어나는 일이라 여기기 때문에 학습을 하거나 노력하는 것이 부족한 사람이나 하는 일처럼 여기는 것입니다. 하지만 가족 관계, 연인 관계, 결혼 생활 등은 노화처럼 자연스레 되는 것이 아닙니다. (사실 우리는 노화도 '잘'하기 위해 굉장한 노력을 하죠.) 좀 더 행복하기 위해서, 잘 안 맞는 사람을 만나서 부담하게 되는 손실을 줄이기 위해서도 연애에 대해 더 많이 공부할 필요가 있습니다. 사람을 볼 때 무엇을 봐야 될지, 내가 원하는 인재상은 어떤지요. 이는 상대에게 나는 어떤 사람일지, 혼자가 아닌 둘의 행복을 위해 나는 무엇을 할 수 있는지 등 진정 나를 알아가는 공부이기도 할 것입니다.

최미정

목차

PART 2

나는 상대에게 어떤 사람이어야 할까?

PART 3

좀 더 행복한 사랑을 위해 명심할 것들

PART 6

본의 아니게 연애 공백기? 나를 돌볼 시간

PART 1

어떤 상대를 만나야 좋을까?

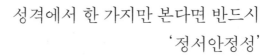

성격에서 한 가지만 본다면 반드시 '정서안정성'

심리학과 사람들이 모여 연애 이야기를 하다가, 아주 쉽게 만장일 치를 이룬 대목이 있었습니다.

"연애·결혼 상대의 성격에서 제일 중요한 건 정서안정성이지."

각양각색 연애론을 펼치던 사람들이 이 말에는 모두 '암, 그럼, 맞네요, 그렇죠' 동의하며 고개를 끄덕였습니다. 정서안정성은 성 격을 크게 5개, 혹은 6개로 나눌 때 등장하는 특성입니다. 학자들 이 말하는 성격의 주요 요인에 관한 정리는 '사귈 사람', '결혼할 사 람'의 성격을 따질 때 상당히 유용하지요.

이론을 몰라도, "연애할 때 성격은 꼭 봐야 돼. 이기적인지 아닌 지 봐야지"라거나 "난 상남자 스타일은 싫어. 자상하고 따뜻한 성 격이 좋아", "난 나긋나긋 조용한 성격 말고 할 말은 하는 솔직한 성격이 좋아" 같은 이야기를 쉽게 하곤 합니다. 다만 이렇게 이야기를 하다 보니, 따져봐야 될 성격이라는 것이 너무 많다는 문제에 직면하죠. 이야기를 하노라면 "우리 이렇게 따지면 아무도 못 만나" 또는 "근데 세상에 그런 성격을 다 가진 사람이 어디 있겠냐?"라는 결론에 다다르기 일쑤고요.

'성격을 좀 더 간단히 표현할 수 없을까'라는 고민은 만국 공통이었는지, 학자들은 사전을 펼쳐 놓고 성격에 관련된 형용사를 모두 찾았습니다. 사전 한 장 한 장을 넘기며 '우울한, 유쾌한, 음울한' 같은 단어 수만 개를 일일이 적었다고 합니다. 이 작업을 하던 시기가 1980년 이전이라 컴퓨터도 없이 일일이 수작업으로 했지요. 성격을 표현하는 말들을 모아서 분류를 하고 핵심 요인을 추려 보니, 크게 5가지 성격 요인이 나타났다고 하는데, 바로 '외향성(내향성), 성실성, 우호성, 신경성(정서안정성), 개방성'입니다.

이 성격의 다섯 가지 요인은 빅 파이브(Big 5)라 불리며, 현재도 성격 이론의 기틀 역할을 하고 있습니다. 빅 파이브가 정말 엄청난 기세를 떨치자 대부분 성격을 구분할 때 이 5가지를 썼습니다. 그러던 중 캘거리대학교 심리학과 이기범 교수가 캐나다로 유학을 가서 성격의 5가지 요인이 한국인에게도 들어맞는 것인지 궁금해서 검증을 해 보니, 한국인들의 성격은 위의 5가지 외에 한 가지가 더 나타났다고 합니다. 몇 번을 다시 해 봐도, 통계적 요인 분석 결과에도 6번째 요인이 나타나고, 결국 학문적으로도 해석이 가능한 6번째 성격 요인이 나타난 것입니다.

이기범 교수와 동료인 브록대학교 심리학과 마이클 애쉬튼 (Michael Ashton) 교수는 이것이 한국인의 특징인지 세계인들의 공통적 특징인지 확인하기 위해 전세계 연구자들에게 편지를 보냈습니다. 답장이 한 통 한 통 올 때마다 두 사람은 환희에 찼습니다. 한국인뿐 아니라 다른 연구자들도 6번째 요인이 나타났지만 빅 파이브가 워낙 유명해 버려두었던 차에 두 사람의 연락을 받고 '나도 6번째 요인이 나타나서 의아했다'라며 호응을 했기 때문입니다. 이렇게 한국인의 성격을 분석하다가 발견하게 된 요인은 '정직-겸손성'입니다. '정직-겸손성'과 빅 파이브 요인의 머릿글자를 따서 헥사코(HEXACO) 모형이라고 불립니다. 헥사코(HEXACO)는 정직-겸손성(Honesty-Humility), 정서성(Emotionality), 외향성 (eXtraversion), 원만성(Agreeableness), 성실성(Conscientiousness), 경험 개방성(Openness to Experience)으로 정리됩니다.

우선, 정직-겸손성은 이름 그대로 '정직하고 겸손한 성격'을 말합니다. 한국인의 성격 연구를 통해 발견된 요인이라는 점과 한국뿐 아니라 세계인들에게서도 이 특성이 두드러지게 나타났다는 것이 흥미롭습니다. 정직-겸손성이 결여되면 부정한 방법으로 재산을 축적하거나 비리를 저질러도 반성할 줄 모릅니다. 정치인과 공직자의 성격 요소로 가장 중요한 것이 이것 아닐까 싶네요. 물론 우리의 연인 혹은 배우자 성격 요인으로도 매우 중요합니다. 정직-겸손성이 없다면, 거짓말을 해도 양심의 가책을 느끼지 않을 것이고, 상대에게 고마움을 느끼기보다 자신이 잘나서 그렇다고 착각할 테지요.

둘째, 정서성은 정서안정성(Emotional Stability)/신경성(Neuroticism)으로 부르기도 합니다. 합쳐서 정서성이고, 평온한 사람은 정서안정성이 높으나, 예민한 사람은 신경성이 높은 것입니다. 이를 흔히 신경이 예민하다고 표현하는데, 분노, 우울, 불안 같은 부정적 정서를 쉽게 느끼는 것을 말합니다.

셋째, 외향성은 외향적인 사람과 내성적인 사람을 뜻합니다. 외향적인 사람이 사회성, 적극성, 활동성이 높다고 보는 것이지요. 단 이 해석은 MBTI의 외향성과는 약간 다른데, MBTI에서 말하는 외향성은 에너지를 바깥으로 쓰기 좋아하는 것으로 외향적인 것이 우수하다는 식으로 해석하지는 않습니다.

넷째, 원만성은 우호성이라고 번역하기도 합니다. '사람들과 원만하게 잘 지내는 둥글둥글한 성격이냐, 아니냐'를 뜻합니다.

다섯째, 성실성은 규칙을 잘 지키고 부지런하고 꼼꼼한지, 게으르고 대충하는지를 구분하는 것입니다.

여섯째, 개방성은 정확히는 '경험에 대한 개방성'으로 '새로운 것을 접하는 것에 얼마나 열려 있는가' 여부입니다. 낯선 지역, 낯선 음식점, 해 보지 않았던 일들에 도전하는 것으로, 상상력, 호기심, 모험심, 예술적 감각과 관련이 있다고 봅니다.

욕심을 내자면 내 연인이 이 6가지 요인들, 정직-겸손성, 정서안정성, 외향성, 원만성, 성실성, 개방성이 다 높으면 좋겠지만(실은 다 높다고 좋은 것도 아닙니다.) 그저 함께 할 사람의 성격 요인으로 제일 중요한 것 한 가지만 꼽자면 '정서안정성'입니다.

여기에는 두 가지 이유가 있습니다. 첫째, 다른 요소가 결핍된 것보다 정서안정성이 결핍된 사람 옆에 있으면 굉장히 힘듭니다. 둘째, 다른 성격 요인들은 노력에 의해 어느 정도 변화되는데 정서안정성은 거의 변하지 않기 때문입니다.

미국의 심리학자 로버트 호간(Robert Hogan) 박사는 사람의 성격이 7년 정도의 주기로 자연스레 변한다고 보았습니다. 외향적이던 사람이 내향적으로, 폐쇄적이던 사람이 개방적으로 변할 수도 있습니다. 어린 시절에는 빨빨거리고 돌아다니는 것이 좋더니, 나이 먹으니 혼자 쉬는 것이 좋더라는 사람을 쉬이 볼 수 있지요. 하지만 박사는 정서안정성만큼은 7세 이전에 형성되어 죽을 때까지 쉽게 바뀌지 않는다고 주장했습니다. 감정 기복이 심해 기분이 널뛰는 사람이 감정 기복이 없어질 가능성은 희박하다는 말입니다.

정서안정성이 낮은 사람이 연인이라면 그의 감정이 언제 널뛸지 도무지 예측불가이지요. 조금 전 카톡을 보냈을 때만해도 "응응♡ 빨리 만나고 싶어효~ 자기 보고 시포~"라고 했던 사람이 갑자기 찬바람이 쌩쌩 불면서 "뭐가?"라며 언짢음을 보이기도 합니다. 이러면 당혹스럽지요. '내가 뭘 잘못했지? 갑자기 왜 그러지? 뭐 실수했나?'라며 당황할 수 있습니다.

갑자기 왜 그럴까요? 정서가 불안정한 사람은 상대의 반응이 자신처럼 적극적이고 애틋하지 않아서 갑자기 기분이 '팍' 상해 버렸을 수 있습니다. 또는 대화 상대의 잘못이 아니라 카톡하며 기분 좋은데 갑자기 언니가 문 벌컥 열면서 "너 또 내 옷 입고 나갔지?"라고 해서 갑자기 짜증이 '확' 났을 수도 있습니다. 갑자기 라디오에서 슬픈 노래가 나왔을 수도 있고, TV에서 자기가 싫어하는 연예인이 나왔을 수도 있고, 갑자기 배가 살살 아파 오는 걸 수도 있습니다. 이들의 기분이 급변하는 이유는 너무나 많아서 감히 추측하기 어렵습니다.

하지만 연인의 입장에서는 그처럼 사소한 자극에 기분이 널뛸 거라고는 추측하기 어려우니, 늘 '왜 그러지?' 고민하게 됩니다. 더불어 기분은 전염성이 강하기에 옆 사람의 기분이 널뛰면 정서 안정성이 높은 사람도 버티기가 쉽지 않습니다.

조금 전까지 "자, 우리 이것만 하고 밥 먹으러 가자"라는 말에 함박웃음을 지으며 "그래! 좋아!" 하던 사람이 1분도 지나지 않아서 "너 혼자 먹고 와. 나 피곤해서 먼저 갈래"라며 변덕을 부립니다. 처음에는 "갑자기 왜?"라며 달래보기도 하고, 원인을 추측해 보기도 합니다. 달래는 것도 한두 번이라, 변덕에 박자 맞추다가 짜증이 나버립니다. 지쳐서 "저러다 말겠지" 혹은 "기분 풀리면 지가 다시 연락하겠지"라며 내버려 둔다고 해결이 되지도 않습니다. 참으로 힘들 뿐입니다.

다행스럽게도 어떤 사람들은 자신의 널뛰는 감정에 대해 자각하고 있습니다. 귀엽게 이름을 붙이는 경우도 있었습니다. 자기는 다중이(다중인격자)라면서 기분 좋은 상태는 '제임스', 우울할 때는

'춘봉이'라고 불러달라며 장난스레 말하기도 하고요. 춘봉이 모드, 제임스 모드로 나누는 것은 애인에게도 효과적입니다. 남자친구가 몹시 예민하면 "어휴 무서워. 김까칠 모드다. 조심해야지" 농담을 던지며 분위기를 풀 수 있습니다. 정색하며 따지지 않아도, 상대도 알아듣고 노력하는 경우가 많습니다.

하지만 이처럼 유쾌하게 '자각'할 수 있는 능력을 가지고 있는 사람이 그리 많지 않습니다. 자각 자체가 없는 경우가 훨씬 많습니다. 해가 쨍하다 갑자기 비가 쏟아지는 변덕스러운 장마철 날씨 같지만, 본인은 잘 모르고 있을 때가 많습니다.

사람은 예측 가능한 것을 좋아합니다. 좋아하지는 않더라도 예측 가능한 것이 편합니다. 언제 갑자기 삐치거나 확 신경질을 낼지 예상할 수 없으면 늘 긴장 상태여야 하지요. 그래서 만약 성격에서 단 한 가지만 본다면, 단언컨대 정서안정성입니다.

성격은 '선호'일 뿐,
옳고 그름이 없다

사람의 성격은 변할까요? 노력, 학습, 훈련에 의해 성격 변화가 가능하다는 것이 최근까지 학자들의 결론입니다. 하지만 이것도 어디까지나 본인이 원할 때 가능하다는 뜻이지, 남이 강제로 뜯어고칠 수 있다는 의미는 아닙니다.

"얼굴만 예쁘면야, 성격이야 고쳐서 데리고 살면 되지."

"돈만 많으면 내가 스타일은 바꿔줄 수 있으니까."

맞추고 이해해 가면서 살겠다는 이야기라면 더없이 좋을 텐데. 이 말은 애초에 상대를 가르치고 바꾸어야 할 대상으로 본다는 전제가 깔려 있습니다. 나는 상대보다 우월하며 상대방은 나의 지시에 따라 고쳐져야 하며, 고칠 수 있다는 강한 신념이기도 합니다. 한때는 저도 이 의견에 꽤 동의했습니다. 남자 외모 보지 말라고,

스타일은 사귀면서 조언을 해서 바꿔 줄 수 있다고 이야기했습니다. 같이 옷 사러 다니면서 스타일 바꾸면 되니까 배바지 입고 다닌다고 차버리지 말라고요.

하지만 누군가의 헤어, 옷 스타일 등 그 어느 것 하나도 쉽게 바꿀 수 없습니다. 극단적으로 스타일리스트 말을 따라야 하는 연예인들도 자기 고집을 내세운 스타일로 등장하는 것을 종종 볼 수 있습니다. 그들에게 '스타일'은 곧 밥줄이지만, 그에 못지않게 중요한 개인의 취향은 쉬이 변치 않는 것이기 때문입니다. 머리나 옷 스타일도 이런데, 성격 바꾸기는 더 어려운 문제 아닐까요? 그런데 여기서 갑자기 드는 의문 하나. 애초에 좋은 성격, 나쁜 성격은 누가 결정한 것인가요?

일례로 한 남자가 나긋나긋하고 순종적인 성격이 좋은 성격이라고 생각해 자기 의견을 곧이곧대로 말하는 여자 성격을 몹쓸 성격으로 규정하고 개조 하려 든다면, 이게 과연 옳은 일일까요? 반대로 남자는 호방하고 타인과의 교류를 좋아하는데, 여자가 보기에 남자는 가족을 최우선시하는 것이 좋은 성격이라며 뜯어고치려고 들면, 이게 과연 잘하는 일일까요? 성격은 하나의 특질입니다. 옳고 그름이 없습니다. 외향적인 성격이 좋은 성격이고, 내향적인 성격은 뜯어고쳐야 되는 나쁜 성격인가요? 단언컨대, 아닙니다!

중고등학교 시절부터 한두 번 이상 접했을 MBTI와 같은 성격 유형 검사에서 말하는 성격이란 '선호'입니다. 그 사람이 어떤 것을 더 편안해 하고 좋아하느냐의 차이일 뿐이라는 것입니다. 수박 좋아하는 사람, 복숭아 좋아하는 사람, 둘 다 싫어하거나 좋아하는 사람이 있듯이 성격이라는 것도 어떤 것을 더 선호하느냐로 볼 수 있습니다. 또한 더 자연스럽고 편한 것이라고도 해석할 수도 있습니다. 손깍지를 낄 때 어떤 사람은 오른손 엄지손가락이 위에 오고, 어떤 사람은 왼손 엄지가 위로 옵니다. 바꿔서 해 보라고 하면 무척 어색해하며, 간혹 고장 난 사람처럼 어려워하기도 합니다. 오른손잡이, 왼손잡이처럼 익숙하고 편한 것의 차이일 뿐입니다. 물론 나이를 먹으면서 좋아하는 것이 바뀔 수도 있고, 연습을 하면 오른손잡이도 왼손을 쓸 수 있게 됩니다. 단, 이것은 스스로 변하고 싶다고 생각하고 애를 써야 가능한 것이지, 옆 사람이 제 멋대로 뜯어고치겠다고 되는 일은 아닙니다.

이처럼 성격이란 옳고 그름이 없음에도, 정답이 있다고 믿고 성격 검사를 받는 사람들이 생각보다 많습니다. 한국인들은 문제 유형 파악에 능하기 때문에 딱 보고 어떻게 답을 해야 좋게 나올지 빨리 알아채는 경향이 있습니다. MBTI 검사를 하기에 앞서, '제발 아무 눈치 보지 말고 자신이 끌리는 것, 정말 좋아하는 것을 고르세요, 답이 없어요'라고 오리엔테이션을 해도, 문항들을 보며 '이게 답이겠군' 생각하면서 사회적으로 바람직하다고 여겨지는 것을 체크합니다. 그 결과 한국인들의 50퍼센트가량이 ISTJ 유형이 나옵니다. ISTJ 유형은 내향적이고, 절차에 따라 차근차근 진행하는 것을 선호합니다. 사람보다 일, 감정보다 이성적인 것, 계획적인 것을 좋아하는 유형입니다. 한국인의 절반이 겸손하고, 성실하며, 이성적이고, 계획성 있는 사람들이라는 것이지요. 그래서 MBTI 교육에서 이 유형이 나오면 진짜 자신의 모습이 맞는지 고민해 보라고 강조합니다. 실제로 한 선생님의 경우 자신이 ISTJ 유형으로 알고 살았으나, MBTI 연구를 하며 자아를 찾다보니 자신이 정반대의 ENFP 유형이라는 것을 깨달았다고 합니다. ENFP 유형은 외향적이고, 큰 그림을 그리는 것을 좋아합니다. 일보다 사람, 이성보다 감정, 계획보다 유연한 적응을 좋아하는 유형입니다. 한국에서는 감성적인 사람보다 이성적인 사람을 다소 우월하게 보고, 직관적인 사람보다 계획적인 사람을 좋게 보기 때문에 그들에 맞추어 자신도 그런 것을 좋아한다고 생각해 왔던 것입니다.

여러 성격 검사, 기질 검사 강사 교육을 받을 때, 가장 강조되는 것은 이를 평가 도구로 쓰지 말라는 것입니다. 성격은 평가 대상이 아닙니다. '어떤 성격이 바람직하다' 같은 것은 없습니다. 그냥 그 성격은 그 성격일 뿐입니다.

상대의 성격 유형을 알면
데이트에 도움이 된다

앞서 MBTI 이야기를 꺼냈는데, MBTI 유형 검사는 고등학생, 군 입대 검사 등등에서 아주 흔하게 사용됩니다. 자신의 유형이 ISTJ 였는지 ESFP였는지 기억은 못 할지라도 한 번 이상 받아보기는 했을 것입니다. 온라인에서 야매 검사들이 성행하기도 해서 다른 성격 유형보다 친숙하기도 하고요. 참고로, 온라인에서 무료로 심리테스트를 하듯 이루어지는 MBTI 온라인 테스트는 불법이며, 검사 결과도 부정확합니다. 제대로 자신의 성격 유형 검사를 해보고 싶다면, 대학교 상담 센터 혹은 지역 상담 센터를 찾아가는 것이 좋습니다. 검사 비용을 보조해 주기 때문에 저렴하게 검사를 받을 수 있습니다.

MBTI는 4가지 지표를 조합해 16가지 유형을 이야기합니다.

유형론 자체도 흥미롭지만, 각 지표에 대해 알아두면 도무지 이해가 안 되던 사람을 이해하는 데 상당히 도움이 됩니다.

4가지 지표는 외향형(E)/내향형(I), 감각형(S)/직관형(N), 사고형(T)/감정형(F), 판단형(J)/인식형(P)입니다. '지표'라고 말하는 이유는 MBTI 검사는 특성이 아니라 선호를 파악하는 것이기 때문입니다. 외향형이 높게 나왔다고 '외향적인 사람'이라고 해석하는 것이 아니라, '외향적인 것이 좋고 외향적인 것이 편한 사람'이라고 해석하는 것이 옳습니다.

외향형과 내향형

MBTI 공부를 하다 깜짝 놀랐던 것이 외향과 내향에 대한 오해였습니다. 에너지를 밖으로 뿜어낼 것인가, 자신에게 쓸 것인가의 차이였기에 사람 만나는 것보다 혼자 공부하는 것이 좋은 사람, 혼자 취미 활동을 하는 것이 좋은 사람이 내향형이지, 수줍어서 말 못하는 사람을 뜻하는 것은 아니었습니다. 하지만 내향적인 것을 선호하는 사람의 경우, 사람을 만나는 것보다 혼자의 활동을 선호하다 보니 남들 앞에서 말하는 것이 싫을 수 있는 것은 맞습니다.

이처럼 '뭘 좋아하는가'의 차이이나 사회적으로, 일반적으로 외향적인 것이 선호되기는 하지요. 특히 "남자가 술도 좀 마실 줄 알고, 사람들하고 잘 어울리고, 호탕하고 그래야지"라며 남자의 외향성은 엄청난 미덕으로 여겨졌습니다. 그래서 소심하고 조용한 남자보다 외향적이고 적극적인 스타일이 인기 있는데, 막상 애인 성격 유형으로 보면 제각각 장단점이 있습니다.

　MBTI 방식으로 해석하면, 외향성은 에너지를 밖으로 쓰는 것을 좋아하는 사람이고, 내향성은 에너지를 자신에게 쓰는 것을 좋아하는 사람입니다. 외향적인 사람은 에너지를 밖으로 뿜어내야 신바람이 납니다. 새로운 사람을 만나야 충전이 되는 기분이고, 사람들 앞에 나서야 흥이 납니다. 반면 내향적인 사람은 사람을 만나는 것이 기 빨리는 기분이고, 혼자 쉬는 것이 좋고, 조용히 무언가를 하는 것이 충전된다고 느낍니다. 이는 사람을 사귀는 방식에도 고스란히 반영이 됩니다. 외향적인 사람은 많은 사람을 만나 에너지를 뿜어내고 싶어 하기에 낯선 사람들을 만나는 것을 좋아하는데, 내향적인 사람은 아는 사람과의 관계를 쌓아가는 것을 좋아합니다. 연애에 대입하자면, 외향적인 사람은 자기 애인만 만나는 것으로 충족되지가 않습니다. 새로운 사람들을 만나고 낯선 모임도 가야 신이 납니다. 반면 내향적인 사람은 애인과의 관계를 차곡차곡 쌓아나가는 것만으로도 충분히 만족합니다.

　여기에도 함정은 있습니다. 사회적으로 외향적인 사람을 높이 평가하는 경향이 있기 때문에, 가장된 외향성을 띠고 있는 사람들도 많습니다. 실제로는 사람들을 만나고 집에 가면 굉장히 피곤하다고 느끼지만, 밖에서는 더없이 활달해 보이는 사람이 있습니다. 사회적으로 그런 사람으로 인식되어야 사회성도 있고 능력 있어 보이니까요. 반대로 수줍어 보이나 뜻밖에 외향적인 활동을 즐기는 이들도 있습니다.

남자친구가 외향적인 남자 같아 보여 끌렸는데, 사귀고 보니 극도로 내향적인 '훼이크 외향인'이었습니다. 언뜻 보기에는 모임 주도하고 낯선 사람들 만나는 것을 좋아하는 남자처럼 보였는데, 사귀고 보니 그것은 잠시 저를 위해(여자를 만나기 위해) 적극적인 척했을 뿐, 집에 있는 것을 가장 좋아하는 남자였습니다. 반면 저는 내향적으로 보이나, 집멀미가 있는 여자입니다. 집에 36시간 이상 있으면 머리가 아픕니다. 주말에 집에 있으면 머리가 아파서 슈퍼라도 가거나 산책이라도 나가 콧바람을 쐬어야 살 것 같습니다. 집멀미 있는 여자와 집돌이 남자가 만나니 삐그덕댈 수 밖에요. 저는 자꾸 어디 가자고 하고, 모임을 만들며 새로운 친구들과 어울리고 싶어 하고, 남자친구는 마지못해 따라 나섰으나 굉장히 불편해 보였습니다.

얼마 지나지 않아 우리는 각자의 선호를 인정했습니다. 같이 가자고 한두 번 권해 보고, 내키지 않는다고 하면 더 이상 조르지 않았습니다. 처음에는 그래도 같이 가자며 졸랐는데 정말로 싫어하고 부담스러워하는 것을 보니 못할 짓 같았습니다. 두어 번 권하고 같이 갈 것 같으면 계획을 세우고, 내키지 않는 것 같으면 혼자 가거나 다른 친구와 갔습니다. 대신 남자친구도 내가 다른 친구와 놀러 다닌다고 해서 섭섭해하지 않았고요. 외향적인 사람들은 새로운 사람 만나고 새로운 장소 가는 것을 좋아하기 때문에 자신을 빼놓고 놀러 가면 섭섭해하는데, 내향적인 사람들은 그것을 아주 피곤한 일이라고 봐서 전혀 부러워하지 않습니다. 되레 자신을 그 피곤한 일에서 면제시켜준 것에 감사해 하기까지 합니다. 사람의 성격에 따라 똑같은 일을 두고도 이처럼 다릅니다.

그럼 똑같은 성향의 사람이 만나면 좋을까요? 좋을 수도 있고 나쁠 수도 있습니다. 외향적인 남녀가 만나면 둘 다 말하는 것을 너무 좋아해서 서로 자기 이야기를 하려는 바람에 의사소통이 잘 안 될 수도 있습니다. 말하기 좋아하는 외향형은 잘 들어주는 내향형과 있는 것이 행복할 수도 있고, 같이 돌아다니는 것을 좋아한다면 둘 다 외향형인 것이 좋을 수도 있습니다. 어떤 사람들끼리 만나야 좋다는 정답은 없습니다.

감성형과 사고형

'서운함' 문제의 50퍼센트 이상을 차지하는 것이 감성형과 사고형의 충돌입니다. 커플의 의사소통에 가장 큰 영향을 미치는 것이 이 요소거든요. 감성형과 사고형의 대화는 오해의 소지가 다분합니다.

어머니가 큰 병에 걸리셔서 입원을 했다면, 감성형인 사람은 어머니를 위로하고 병간호를 하기 위해 퇴사를 고려합니다. 하지만 사고형인 사람은 어머니의 병원비를 대기 위해 야근과 추가 근무하는 것을 고려합니다. 둘 다 어머니를 생각하는 마음은 똑같지만 해법은 정반대이지요. 감성형인 사람은 어머니의 '마음'을 최우선으로 생각하며 정서적 지지를 중요시하고, 사고형인 사람은 현실적 해결 방안 모색이 최우선입니다.

감성형과 사고형이 연애를 하면 감성형이 사고형의 마음을 배려하여 "짜장면도 좋고 밥도 좋고"라고 하면서 짜장면을 먹고 싶은 기색을 보입니다. 사고형은 "그래? 그럼 푸드코트 가자. 나는 냉면 먹고 너는 짜장면 먹어"라고 해결을 하거나, "짜장면을 배달시킬 수 없고, 주어진 시간상 빨리 먹고 와야 되니 지금은 구내식당에서 밥 먹자"라는 해법을 제시해 버리기도 합니다. 이것을 매력으로 보며 사고형과 함께 있으면 산뜻해서 좋다고 본다면 천생연분이겠지만, 늘 딱딱 끊는 것이 섭섭하게 느껴지면 서운함이 켜켜이 쌓일 것입니다.

외향성과 내향성에도 사회적 바람직성이 작용하듯, 한국 사회에서는 단연코 사고형이 바람직하게 추켜세워집니다. 주로 남자는 사고형, 여자는 감성형으로 기르고자 애씁니다. 그래서 같은 유형이라도 남녀 차이가 있습니다. 남자 사고형과 여자 사고형이 있으면 여자 사고형이 상대적으로 훨씬 감성적이고 배려하는 경향이 큽니다. 여자는 그래야 한다고 훈련을 받았기 때문이지요. 감성형 남자도 그렇습니다. 남자가 문제 해결보다 사람을 먼저 생각하면 한국에서는 유약하다고 보는 경향이 컸습니다. 직장에서 차갑고 일을 딱딱하게 하는 사람에 비해 직원들 개개인을 걱정하는 상사가 업무적으로 다소 무능한 인상을 줄 것이라고 여기곤 합니다. 그렇기에 타고난 선호는 감성형임에도 불구하고 사고형으로 살기 위해 애를 쓰는 남자들이 많습니다. 흔히 남자는 이성적이고 여자는 감성적이라고 하는 것은 이런 사회적 영향으로 인한 편견입니다.

실제로는 여자가 사고형이고 남자가 감성형인 경우도 흔합니다. 이 두 사람이 싸우면, 답이 없을 때가 많습니다. 사고형 아내가 "매주 시댁에 가서 일손을 도와드리고 있잖아. 그런데 당신도 나도 일이 있으니까 주말에 쉬어야 평일에 일을 하지. 앞으로는 당신 혼자 가거나 매주 가지 않고 한 달에 한 번만 가는 것으로 하자. 나도 휴식이 필요해"라는 제안을 했다면, 감성형 남편은 울컥합니다.

"어떻게 그래? 엄마가 우리 오기 기다리시는 거 알잖아. 일주일 중에 주말에 고작 한 번 아들, 며느리, 손주 보고 싶어 하시는 마음을 이해 못해드려? 몸이 좀 피곤해도 엄마 마음 생각해서 가야지."

이는 철저히 어머니 '마음'을 고려한 의견입니다. 사고형 아내는 이것을 쉬이 이해하기가 어렵습니다. 사고형은 '마음'보다 '문제의 합리적 해결'이 중요하기 때문입니다.

"그건 알겠는데, 현실적으로 주말에 시댁 갔다 오면 쉴 수 있는 시간이 없잖아. 당신도 나도 너무 지쳐서 힘든데, 어머니가 이런 걸 바라시는 건 아니잖아. 아이들도 주말에 숙제도 하고 쉬어야 되는데 장시간 차를 타고 다녀오면 피곤해하고. 그러니까 가는 횟수를 현실적으로 조정하자고."

"야, 노인네가 쓸쓸히 계시다가 우리 보는 낙으로 사시는데 어떻게 그러냐. 우리가 좀 피곤한 게 낫지."

각자가 선호하는 성격에 따라 어떤 사람은 아내 입장이 더 공감이 되고, 어떤 사람은 남편 입장이 더 공감이 될 것입니다. 답은 없습니다. 대상을 보는 방식이 다르고, 접근 방식이 아예 다른 종족들이 어울려 살아가고 있다는 것을 인정하며 살 수 밖에요.

감각형과 직관형

앞서 외향형, 내향형, 사고형, 감정형은 무슨 뜻인지 확 와닿는데 비해 감각형과 직관형이라는 표현이 썩 와닿지 않을 수 있습니다. 애써 비교하길 감각형은 나무, 직관형은 숲이라고도 합니다. 감각형은 세세하고 구체적인 것에 강하고 직관형은 큰 그림에 강합니다. 이 둘은 대화 방식은 매우 다릅니다.

"야, 그거 있잖아."

"혜화 돌쇠 떡볶이요?"

"응, 그래. 그거."

　직관형 사장님과 오래 일하며 생긴 저의 능력입니다. '거시기' 수준의 대명사를 알아들을 수 있게 되었습니다. 대명사가 많고 추상적인 표현을 하는 것이 직관형의 특징입니다. 직관형들의 이야기에는 징검다리가 몇 개 있습니다. 좋게 말하면 머리 회전 속도가 너무 빨라서 중간 내용을 건너뛰고 말하는 것이고, 나쁘게 보자면 다소 뜬구름 같아 알아듣기 어려울 수 있습니다. 예를 들면 직관형인 사람이 연인과 사업을 구상한다면, "그래, 우리 같이 사업을 하는 거야. 대박 날 거야. 나중에 잘 되면 개인 요트도 사고 세계 여행도 다니는 거지. 결혼식도 성대하게 하고. 단독 주택 사서 뒷마당에서 결혼하자" 같이 큰 그림이 그려집니다.

감각형인 사람은 세세합니다. "무슨 사업을 할 건데? 아이템이
뭐야? 사업 자금은? 현재 시장 상황은 어떤데?" 등을 꼼꼼히 살핍
니다. 개인 요트를 사고 세계여행을 하는 단계까지 훅 날아가지
않습니다. 이 둘이 서로의 특성을 잘 조합한다면 환상의 콤비이
나, 티격태격하면 서로가 몹시 피곤합니다.

그래서일까요. 직관형과 인식형의 차이는 결혼 생활 만족도와
의사소통에 큰 영향을 미친다는 연구 결과가 있습니다. 이 부분이
잘 맞지 않는 경우 남자는 이혼 생각을 하는 경우가 많고, 여자는
의사소통이 안 된다면 답답해한다고 합니다.

직관형과 감각형 차이는 직장 상사와 부하의 궁합에도 큰 영향
을 미칩니다. 워크숍에서 직관형 상사에게 감각형 부하가, 감각형
상사에게 직관형 부하가 쓰는 편지를 본 적이 있습니다. 직관형들
끼리, 감각형들끼리 테이블에 따로 앉아 의견을 모아 편지를 썼는
데, 서로에 대한 비판이 엄청났습니다.

직관형 상사에게 감각형 부하가 쓴 편지

"제발 뭘 하라는 건지 구체적으로 말해 주세요. 방법을 알려 주실
거면 차근차근 알려 주세요. 건너뛰고 '알겠지?'라고 하시니 알 수
가 없어요. 차근차근 진행했으면 좋겠어요. 이거 하고 있는데 갑
자기 저거 다 됐냐고 하시면 난감해요. 구체적인 사례를 알려 주
세요. 이전에 없었던 것을 해오라고 하시니 난감해요."

감각형 상사에게 직관형 부하가 쓴 편지

"제발 일일이 간섭하지 마세요. 중간 과정에 일일이 보고 받으시니 일이 더 힘들어요. 사소한 것에 목숨 걸지 말아주세요. 큰 그림을 봐주세요. 창의적으로 일하라고 하시고, 이전에 없었다고 못하게 하지 말아주세요. 단계에 너무 집착하지 말아주세요. 스텝바이스텝 튜토리얼이 아니잖아요."

직관형 입장에서는 "세세한 건 나중에 하면 되지, 쫌스럽게 그걸 따져? 너무 비관적이야"라고 할 수 있고, 감각형 입장에서는 "구체적인 게 없어. 그냥 뜬구름이야. 너무 허황돼"라고 할 수 있습니다. 감각적인 사람들은 구체적이고 단계적이며 현실적인 것을 좋아하는 반면, 직관적인 사람들은 반대인 것입니다. 우스갯소리로 "어떤 일을 할 때 감각형이나 직관형이나 둘 다 자료를 찾아봐요. 감각형은 이전에 똑같은 사례가 있으면 따라하려고 하고, 직관형은 이전에 똑같은 사례가 있으면 안 하려고 하고"라는 말을 하곤 합니다. 직관형은 뭘 하려다가 남이 이미 했으면 흥미를 잃는데 반해, 감각형은 성공 사례를 보며 안심하고 돌다리 두드리듯 진행합니다. 이 두 사람이 결혼식 준비를 한다면 어떨까요? 직관형은 이전에 없었던 결혼식을 하고 싶어 설렐 것이고, 감각형은 검증된 결혼식 방식에 끌릴 것입니다.

인식형과 판단형

앞서 직관형과 감각형도 썩 와닿지 않듯, 인식형, 판단형이라는 표현도 영어 단어를 옮겨 놓은 용어들이라 그다지 와닿지 않을 수 있습니다. 이를 우리식으로 쉽게 풀어보면 인식형은 즉흥적이고 개방적인 것을, 판단형은 준비를 하며 계획적으로 상황을 통제하는 것을 좋아합니다.

과제나 어떤 일을 기한이 닥쳐야 하는 사람이 있는가 하면, 미리 해 놓아야 직성이 풀리는 사람이 있습니다. 여행갈 때 엑셀 딱 펼쳐 놓고 시간표 짜고 교통편, 명소, 주변 맛집을 전부 조사해서 가는 사람이 있는가 하면, 갑자기 비행기표를 사서 무계획이 계획이라며 떠나는 사람이 있습니다. '무계획이 계획이다', '닥쳐서 한다'는 방식을 선호하는 쪽이 인식형이고, '계획이 생명이며 미리미리 끝내 놓는 것을 선호하는 쪽'이 판단형입니다. 한국에서는 단연코 판단형을 선호합니다. 허나 '판단형이 좋으냐, 인식형이 좋으냐' 하는 식의 접근은 위험합니다. 재차 강조하지만 MBTI는 선호입니다. 어떤 것을 좋아하느냐를 두고 그 사람의 성격을 평가해 버리면 안 됩니다.

판단형인 사람의 여행은 여행이 아니라 검증일 수도 있습니다. 이미 여행가기 전에 갈 곳에 대해 수차례 꼼꼼히 다 알아본 뒤에 현지에 가서는 자신이 수집한 정보와 같은지 아닌지를 맞춰보는 과정이지요. 이미 블로그에서 사진도 다 봤고, 어떤 것을 꼭 봐야 하며, 어떤 것을 먹어야 하는지 다 알아봤고 그것을 그대로 따르기에 검증 작업이나 다름없습니다. 대책 없이 떠나 발길 닿는 대로 여행하는 인식형은 낯선 경험을 할 가능성이 높습니다. 시행착오를 겪을 수도 있지만 그만큼 다른 사람들이 모르는 곳을 접할 가능성도 큽니다.

약속 장소에 갈 때도 판단형은 미리 경로 검색을 해 놓고, 예상 시간과 오차 시간까지 고려해서 계획을 세웁니다. 지하철을 한 번 갈아타야 되는데 자칫 시간이 맞지 않으면 10분 정도 지체될 수 있으므로 이동 시간에 10분을 추가하고, 시간 단축을 위해 환승역 게이트 번호도 알아둡니다. 하지만 인식형은 지하철역에서 검색을 시작합니다. 한쪽은 오차가 적으나 피곤할 수 있고, 한쪽은 오차는 크지만 편할 수 있습니다.

이 유형 차이 때문에 싸우는 커플은 널리고 널렸습니다. 아내가 인식형이요, 남편이 판단형이면 남편은 벌써 한참 전에 준비하고 현관에 나가서 구두까지 신고 서서 아내를 독촉을 합니다. 하지만 아내는 느긋하고 태연합니다. 가는 길이나 시간을 알아보지도 않았습니다. '어차피 남편이 찾아놨을 테니 남편 따라가면 되지 뭐'라고 천하태평입니다. 남자는 계획대로 딱딱 하지 않는 아내를 보며 속이 터집니다.

반대의 경우도 마찬가지입니다. 딱딱딱 해야 속이 시원한 판단형 아내는 퇴근한 남편에게 씻고 밥 먹고 쉬라고 말을 했는데, 남편은 그때그때 내키는 대로 소파에서 뭉개기도 하고, 이따 밥을 먹겠다고 합니다. 남편 때문에 계획대로 진행이 되지 않으면 아내는 부글부글 끓습니다.

결혼 전 데이트 방식에도 당연히 차이가 있습니다. 인식형인 사람은 서프라이즈를 좋아합니다. 갑자기 회사 앞에 찾아가 "나와, 저녁 같이 먹자" 같은 상황이 즐거운 것입니다. 하지만 판단형인 사람에게 이런 갑작스러운 일은 재앙입니다. 이미 저녁에 퇴근하고 할 일을 다 계획해 놨는데 갑자기 연인이 찾아와서 회사 문 앞에 서 있으면 반갑기보다 당혹스럽습니다.

갑작스러운 데이트 일정 변경도 마찬가지입니다. 원래 강남역에서 영화 보고 나서 근처에서 밥을 먹기로 했는데, 인식형인 사람이 갑자기 "우리 에버랜드 갈까? 날씨 너무 좋다"라고 하면 판단형은 기겁합니다. 예상에 없던 일이 벌어지는 것이 싫은 것입니다. 초반에는 끌려다녀주기도 하나, 머지않아 화가 납니다.

"뭐 하고 싶은 거 있으면 미리 말을 하라고. 그래야 준비를 할 수 있잖아. 갑자기 에버랜드를 가자고 하면 어떻게 해? 강남역에서 에버랜드까지 가는 시간, 오는 시간도 있고, 자유이용권 가격이랑 오늘 날씨 등도 따져봐야 되고…."

인식형인 사람은 판단형이 답답할 수 있고, 판단형은 인식형이 뜬금없고 당혹스러울 수 있습니다. 다른 요소보다도 이 부분은 갈등을 크게 일으키는 요소입니다. 어떤 하나가 옳고 나머지는 틀리다고 접근하기 때문입니다. '원래 뭘 하려면 미리 계획을 세우고 준비를 해야지'가 당연한 규칙이자 지켜야 하는 것이라고 본다면, 인식형의 자유로운 접근법은 '틀리고 잘못된' 것이 되어 버립

니다. 가끔 우리가 당연하다고, 옳다고 여기는 것도, 사회적 바람
직성이거나 특정 유형의 목소리가 컸던 것뿐일 수도 있다는 사실
을 명심해야 합니다.

비슷해야 잘 맞을까?
달라야 잘 맞을까?

서로 비슷해서 좋은 유사성과 서로 달라 도움이 되는 보완성은 인간관계에서 늘 화두가 되곤 하지요. 직장 상사와 부하 직원 사이에, 부부 사이에, 연인 사이에 비슷해야 잘 맞을지, 달라서 서로 보완을 해 주는 편이 좋을지 말입니다. 비슷해서 좋은 점도 있고, 달라서 좋은 점도 있을 것입니다.

많은 연구에 따르면 성격 유형이 비슷해야 의사소통도 잘 되고 결혼 만족도가 높은 것으로 나타났습니다. 또 다른 연구에서는 결혼관이 비슷하면 남녀 모두의 만족도가 높았고, 가치관이 비슷한 것은 특히 여자의 만족도에 더 영향을 미쳤다고 합니다. 또 다른 연구에서도 성격 유형에서 비슷한 요소가 많을수록 갈등이 적고, 갈등 해결 방식도 뛰어났다고 합니다.

물론 비슷하다고 꼭 잘 사는 것도 아니었습니다. 갈등 때문에 부부 클리닉에 방문한 부부들의 성격 유형을 조사 해본 결과, 성격이 비슷한 부부들이 더 많았다고 합니다. 비슷하니 끌려서 결혼도 하였으나 비슷해서 이혼에 이르게 된 것입니다. 결혼과 가족 치료 전문가인 샌디에이고대학교 윌리엄스(Williams) 교수와 지금은 베스트셀러 작가이자 당시에는 심리학과 학생이던 트레이시 타판(Tracy Tappan)은 성격이 비슷하기 때문에 성격이 다른 부부보다 갈등이 심할 수 있다고 보았습니다. 예를 들어, 남자와 여자가 둘 다 외향적이면 서로 경쟁적으로 이야기하려고 들어 대화가 안 된다는 것입니다. 순천향대학교 간호학과 공성숙 교수의 연구에서도 4가지 지표 중 3가지가 다른 부부들이 결혼 만족도가 높고, 긍정적 감정을 느끼며, 갈등 조정도 잘 했으며 이혼 가능성은 가장 낮게 나타났다고 합니다.

하지만 남녀의 성격이 유사할수록 연애 만족도, 결혼 만족도 등에 긍정적 영향을 미쳤다는 연구 결과가 압도적으로 많습니다. 부부의 유사성이 결혼 만족도를 높인다는 '상호의존 이론'도 나오는 것을 보면 이쪽이 지지되는 경험적 증거가 더 많은 듯합니다.

그렇다면 혹시 사귀다 보니 비슷해지는 것은 아닌지 의문이 들기도 합니다. 분명 사귀면서 닮아가고, 같이 살며 비슷해지는 것 같은 커플을 많이 보기도 하니까요. 하지만 결혼 1년차에서 28년차 부부 150쌍을 대상으로 가치관, 결혼관, 취미, 성격을 프로파일링을 해본 결과 결혼 기간과 유사성 간에는 아무 관련이 없었다고 합니다. 비슷하지 않은 부부들은 오래 같이 살았어도 가치관, 결혼관, 취미, 성격이 달랐습니다. 한국에서의 연구뿐 아니라 해외에서의 장기간 종단 연구에서도 부부간의 유사성은 결혼해서 함께 살면서 상호 작용하고 같은 환경에서 살다보니 비슷해진 것이 아니라, 처음부터 유사한 사람끼리 결혼을 하기 때문에 나타난 현상이라는 연구 결과가 나왔습니다. 이를 동질 결혼(homogamy 또는 assortative marriage)이라고 부릅니다.

'분명히 처음에는 달랐는데 살다보니 비슷해졌다는 커플들도 있는데?'라는 찜찜함이 남습니다. 이는 미국의 사회심리학자 자이온스(Robert Zajonc)의 연구 결과를 통해 해소할 수 있습니다. 그는 결혼 1년차 부부의 사진과 25년차 부부의 사진을 토대로 유사성을 비교 실험한 결과 25년차 부부의 얼굴에서 훨씬 큰 유사성을 발견할 수 있다는 사실을 밝혔습니다. 다른 연구자들은 커플이 닮아가는 이유를 같은 식단이나 동일한 기후 등을 언급했지만, 자이온스는 부부가 오래 함께 살면서 같은 정서를 느끼는 경우가 많다는 점을 결정적인 이유로 언급합니다. 또 다른 학자는 서로의 얼굴을 매일 보기 때문에 표정과 사용하는 근육이 닮아 가 얼굴이 닮아 간다는 주장을 하기도 했습니다. 어찌되었거나 사랑해서 닮아가는 것도 일부 있으나, 애초에 비슷한 사람을 만나는 경우가 많다는 쪽에 무게가 실립니다.

왜 비슷한 사람에게 끌릴까요? 크게 두 가지 이론이 뒷받침하고 있습니다. 한 가지는 사회적 동질 결혼(social homogamy) 이론으로, 상대방의 사회문화적 배경이 비슷하면 성장 환경도 비슷했기 때문에 생활 방식과 가치관이 유사하며, 서로를 이해하기 쉽기 때문이라는 것입니다. 다른 한 가지는 특성적 동질 결혼(phenotypic homogamy) 이론인데 사회문화적 환경이 비슷한 것보다, 개개인의 특성이나 선호하는 것이 비슷하니까 끌렸을 것이라고 설명합니다.

우리가 흔히 말하던 '끼리끼리 논다', '끼리끼리 만난다'는 경험적으로 알았던 조상들의 지혜가 듬뿍 담긴 말이자, 진리였습니다. 비슷한 사람을 만나면 쉽습니다. 자라온 환경이 비슷한 사람, 성격이 비슷한 사람, 가치관이 비슷한 사람을 만나면 애써서 맞추거나 이해하려 들지 않아도 쉽게 쉽게 넘어갈 수 있는 부분이 많습니다. 비슷한 사람을 선택하는 경향성을 사회심리학에서는 맞춤원리(matching principle)라고 합니다.

하지만 비슷한 사람을 만난다고 해서 잘 되는 것만도 아니지요. 어디까지 얼마나 비슷해야 잘 맞는 것인지의 문제가 남아 있기 때문입니다. 처음에는 상대방이 영화 보는 것을 좋아한다고 하면 나도 영화 보는 것 좋아한다고 하고, 미드(미국드라마) 좋아한다고 하면 나도 미드 좋아한다고 합니다. 특히나 둘이 즐겨 보는 프로그램이 똑같다거나, 좋아하는 노래가 똑같다는 공통점이 발견되면 성급히 '인연', '운명' 같은 단어가 떠오르기도 합니다. '우린 너무 잘 맞아, 정말 비슷해'라며 사귀기 시작했어도, 지내 보면 다른 점들이 수시로 튀어 나오기 마련입니다. 처음에는 비슷했던 것 같은 부분이 알고 보니 안 맞거나 다를 때가 더 많고요. 남들이 보면 쌍둥이인데 자신들은 서로 다르다고 하듯이, 대충 보기에는 똑같이 생긴 쌍둥이이지만, 당사자들은 서로의 세밀한 차이점까지 알기에 다르게 느낄 수 있습니다.

정리하자면, 비슷한 사람을 만나면 노력이 좀 부족해도 잘 맞기 때문에 편합니다. 하지만 모든 면에서 노력 없이 다 맞을 수는 없습니다. 수십 년간 찾아 헤맨다 해도 나와 완벽하게 잘 맞는 사람을 찾는다는 보장은 없습니다. 하지만 내가 이해하려고 들고, 내가 누구와도 맞춰 가며 살 수 있다고 생각하면 인연 찾기가 쉬워집니다.

압니다. 원론적으로는 나부터 노력하는 것이 맞다는 것을 알아도, 실제로는 억울한 생각이 들기도 하지요. '왜 나만 노력해야 돼? 내가 노력해서 맞춰 주는 게 아니라 같이 노력해야 되는 거 아냐?'라는 생각이 들 수 있습니다. 저도 연애 상대에게 '이것 좀 읽어 보고 반성하라'며 책을 들이밀기도 했습니다. 줘도 들여다보지 않아 답답했고요. 나중에 입장이 바뀌어, 연인이 나에게 '너는 이런 것 좀 봐야 돼'라면서 이상한 성격 특성이 잔뜩 적혀 있고 '그러니까 여자가 잘해야 된다'라고 쓰인 글을 보니, 읽고 싶지도 않고 기분만 더러웠습니다. 공부 좀 하라고 자료를 주며 옆구리 찔러도 왜 안 보는지 알 것 같았습니다.

옆에서 공부하고 노력하라고 시키면 하기 싫습니다. 강제로 성격을 뜯어고치는 것처럼 '넌 이런 것 좀 봐야 돼'라고 하는 것 자체가 네가 부족하다는 소리이고, 그가 불만족하고 있다는 의미라서 감정적으로 반응하게 만드는 것이지요. 머리로는 나의 부족함을 알지만, 그걸 애인 입으로 듣게 되면 반발심이 들 수도 있습니다.

그러니 애인을 바꾸려 들기보다, 내가 공부해서 '아, 저런 유형은 이렇게 생각하는군'이라고 이해하는 편이 빠릅니다. 초반에는 다소 억울할 수 있으나, 이 노력은 꽤 달콤한 열매가 있습니다. 상대방이 이해 못할 이야기를 하면 '그냥 저 사람은 나와 생각하는 방식, 접근 방식이 다르군', '좋아하는 것이 다르네'라고 받아들이면 섭섭하거나 화가 나지 않아서 내 속이 편안하기 때문입니다. 상대의 행복감까지 내가 어찌해 줄 수는 없으나, 적어도 내 마음은 스스로 지킬 수 있습니다.

PART 2

나는 상대에게
어떤 사람이어야 할까?

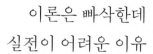

이론은 빠삭한데
실전이 어려운 이유

성격 차이에 대해 공부할 때는 사람들을 다 이해할 수 있을 것 같았습니다. 사람은 저마다 다른 성격이 있고, 틀린 게 아니라 다른 거라고요. 하지만 실제 상황에서는 아니었습니다.

소개팅을 하는데 제가 언제 시간이 되는지 묻지도 않고 "저는 토요일에 시간 안 되니 목요일에 보죠"라는 것은 성격 문제가 아니라 예의 문제 아닌가요? 약속 시간 잡을 때도 언짢더니, 만나서 뭘 먹을지 고를 때 그는 스파게티는 밀가루라 싫고, 돈까스는 튀긴 거라 싫고, 고기는 냄새 배서 싫다더니 올갱이 해장국 집으로 들어갔습니다. 소개팅에서 올갱이 해장국이 웬 말인가요! 표정 관리를 위해 괜찮다며 억지 미소를 짓고 있었지만 속은 끓기 시작했습니다.

'이 인간 뭐지? 내가 그렇게 싫은가? 내가 그렇게 마음에 안 드나? 내가 안 예뻐서 그러나? 아냐, 이건 내 얼굴 문제가 아니라 이 인간이 매너가 없는 기 아닌가?'

제 딴엔 초인적 인내심으로 미소를 지으며 잘 대처했다고 생각하나, 상대는 '해장국 집 들어가니까 여자 얼굴이 똥 씹은 표정으로 변하던데 ㅋㅋㅋ'이라며 조롱했을지도 모릅니다. 올갱이 해장국집의 대화 내용은 떠올리고 싶지도 않습니다. '최악의 소개팅남'이라며 한참 씹었습니다.

심리학 이론이고 뭐고, 이것은 명백하게 저를 무시하는 것이라고 느꼈습니다. 틀린 게 아니고 다른 거? 이해? 관점 차이? 다 필요 없었습니다. '이건 나를 무시하는 것이다'라는 생각이 머릿속을 떠나지 않았습니다. 제 말대로 그 남자는 '최악의 소개팅남'일까요, 배려가 없는 몰지각한 사람이었던 걸까요?

한 친구는 '난 소개팅에서 스파게티 먹으러 가는 게 젤 싫던데. 해장국집 특이하고 좋은데?'라고 했습니다. 또 다른 친구도 소신 있다고 보았습니다. 흔히 소개팅에서는 여자에게 잘 보이기 위해, 다 맞춰 주고, 여자 먹고 싶은 대로 다 사 주는 경향이 있는데, 첫 만남에서부터 자기 시간, 자기 취향을 확실히 말하는 것을 보니 솔직하고 소신 있는 남자라며 좋게 보더군요. 하지만 저는 그 남자를 좋게 봐 줄 여유가 없었습니다. '자격지심'이 튀어나오며 적색경보를 울렸습니다.

'내가 진짜 예뻤으면 저 남자가 저럴 리 없어. 소개팅에서 올갱이 해장국이 웬 말이니?'라며 내가 매력적이지 않기 때문이라고 몰아갔고, 우울해지는 마음을 보호하기 위해 방어 기제들이 나타났습니다. '너도 내 취향 아니다, 뭐!'라며 유치하게 성도 냈다가, '넌 내가 별로일지 몰라도 나 같은 스타일 좋아하는 남자도 있어!(드물어서 그렇지.)'라며 우겨 보았습니다. 그래도 의기소침해졌습니다.

결국 제가 상처받았다는 것을 감추는 전략으로, 내 탓이 아니라 그 남자가 소개팅 매너가 개떡 같은 것이라고 몰아갔습니다. 친구들은 내 기분에 맞춰 주기 위해 "똥 밟았네, 남자가 매너가 없네, 그러니 솔로지"라며 함께 욕을 해 주었고요. 친구들과 실컷 욕을 하고 돌아왔어도, 상처받은 자존심이 회복되는 것은 아니었습니다.

하지만 찬찬히 뜯어보면, 크게 문제 될 것도 없었습니다. 순댓국집도 아니고 올갱이 해장국집이었습니다. 저는 순댓국을 못 먹어서 순댓국집 가서 냉면이나 콩나물국을 먹지만, 올갱이 해장국은 정말 좋아합니다. 올갱이 전문점이 드문 데다가, 올갱이 손질을 잘해서 자글자글 씹히는 것 없이 맑고 시원하게 잘하는 집도 적습니다. 그 날 간 곳은 소개팅날 이후에도 혼자 찾아가서 먹을 만큼 맛있었습니다. 내가 못 먹는 음식도 아니고, 몹시 좋아하는 음식, 그것도 귀한 올갱이 전문점에 갔으면 좋아했어야 합니다.

'소개팅에서 내가 좋아하는 음식 먹었어. 올갱이 전문점 되게 드문데, 올갱이 전문점에서 해장국 먹었어. 정말 맛있더라고'라고 생각했다면, 그 남자와 소개팅 성패 여부와는 상관없이, 저는 훨씬 행복했을 것입니다. 또한 그 남자에 대해서도 '나와 유형이 다르시구나'라고 생각했어도 됐을 것입니다. 저는 좋게 말하면 배려심이 강하고 나쁘게 말하면 소심해서 "언제 시간 되세요? 바쁘신 거 아니에요? 이 날 괜찮으세요?" 같이 질문하고, "어떤 음식 좋아하세요? 저는 다 잘 먹어요. 괜찮아요"라고 하는 사람입니다. 이것을 예의라 보는 사람이 있는가 하면, 불필요한 치레라고 보는 사람도 있습니다.

"그냥 나 언제 시간된다. 넌 시간 되냐? 이렇게 물으면 한 번만 질문하면 되잖아. 그걸 왜 '언제 시간되세요? 저는 그 날 안 되는데…. 이 날은 어떠세요? 아 그러시구나' 하고 있어? 내가 시간 되는 날 말해 주고 된다고 그럼 보고 안 되면 마는 거지"라고 하는 사람도 있습니다. 메뉴 고를 때도 마찬가지입니다. "뭘 좋아하세요? 이건 어떠세요? 저건 어떠세요? 이런 집이 있는데 대신 좀 걸어야 되는데…"라면서 상대에게 맞춰 질문하기를 좋아하는 사람이 있고, "전 한식 좋아해요"라고 먼저 정보를 제공하는 사람도 있습니다.

사람마다 유형이 다르고, 예의라고 생각하는 부분도 다를 수 있습니다. 성격이 다르다고 생각했다면 저의 정신 건강에 훨씬 좋았을 텐데…. 저는 저 자신을 음식 가격에 연동했습니다. 올갱이 해장국처럼 싼 음식을 사는 것은 나를 하찮게 본 것이라며 분노했지요. 대단한 자격지심입니다.

'자격지심인가?'
자신에게 물어보자

'자격지심'이란 단어는 연애에서 가히 '매직 키워드'입니다. 곡해하고, 혼자 실망하고 낙담하는 많은 상황에 '자격지심'을 집어넣으면 술술 해석할 수 있습니다. 저는 이것을 '자격지심 이론'이라 주장하고 있습니다. 아직 연구를 통해 검증한 것은 아니며, 경험적 주장이지만요.

　자격지심은 학술적 용어는 아닙니다. 자격지심(自激之心)은 어떤 일에 대하여 자기 스스로 미흡하게 여기는 마음으로 자신이 자신을 괴롭힌다는 뜻의 사자성어이지요. 심리학 용어로 옮기자면 자존감에 대입할 수 있습니다. 자존감(自尊感)은 자아존중감을 줄여서 부르는 말이지요.

　자존감에 대한 관심이 높아지긴 했지만, 여전히 종종 자존감과 자존심을 혼동하는 경우를 종종 볼 수 있습니다. 자존심(self-respect)은 평소에 인지하고 있는 자기 개념이 아니라, 사건이나 계기가 있을 때 느끼는 자기 인식입니다. '유치한 아재 개그에 피식 웃었어. 아, 자존심 상해'처럼 어떤 자극에 의해 나타납니다. 이와 달리 자존감(self-esteem)은 상황에 크게 영향을 받지 않고 일정한 수준을 유지하는 것입니다. 자존감이 낮은 사람은 계속해서 자존감이 낮고, 자존감이 높은 사람은 계속 높습니다. 즉, 자존감은 자신의 가치를 스스로 평가하는 것이고 자존심은 타인의 관점에서 평가되는 가치감입니다.

자부심(pride)도 자존심처럼 상황에 따라 나타나는 일시적 자기만족감입니다. 우리나라가 월드컵에서 우승하면 자부심을 느끼나 예선 탈락하면 자부심이 사라질 수 있습니다. 모교가 좋은 일로 뉴스에 소개되면 자부심을 느끼지만, 사건, 사고란에 소개되면 자부심이 사라질 수 있습니다.

자존심, 자부심은 일시적이라 자존심이 세거나 자부심이 큰 것으로 스스로의 가치가 높다고 느낄 수는 없습니다. 오히려 취약한 자존감을 숨기느라 자존심을 내세우거나 괜한 자부심에 기대는 경우가 있습니다. 수시로 울컥울컥 '나를 무시하나' 같은 감정에 휘말리지 않으려면 자존심, 자부심이 아닌 '자존감'을 높여야 합니다.

자존감, 이미 높을 존(尊)자가 들어가 있기 때문에 스스로를 귀하게 여기는 마음이라는 의미로 들립니다. 하지만 학술적으로 긍정, 부정 평가를 모두 포함하는 말입니다. 자아존중감이 높을 수도 있고 낮을 수도 있습니다. 소개팅남과 올갱이 해장국 먹었다며 나를 하찮게 여겼다고 길길이 날뛰는 것은 학술적으로는 자존감이 낮은 것이라 표현하고, 우리에게 익숙한 사자성어로는 자격지심이라 할 수 있습니다.

연애의 수많은 문제에도 '자격지심'을 집어 넣어보면 산뜻하게 해석되곤 합니다. 먼저 외모를 살펴보죠. 여자들이 남자의 키를 따지는 것에 대해 자격지심을 느끼는 남자가 꽤 많습니다. 자격지심을 느끼는 이들은 여자가 뭐라 하기 이전에 방어 또는 공격을 합니다. "무슨 여자 키가 이렇게 커요?"라며 선제공격하거나, "조금 떨어져서 걷죠. 제가 너무 작아 보이네요"라며 방어합니다. 남자의 외모 아킬레스건이 키라면 여자는 체중이겠죠. 남자는 관심도 없는데 팔뚝 살을 볼까 봐 걱정하고, 브래지어가 살 속으로 들어가 올록볼록해지는 것을 신경 씁니다. 똥배가 들킬까 거들이나 니퍼를 입어 숨기기도 하고, 쿠션을 끌어안고 있거나 계속 의식하며 아랫배에 힘 딱 주고 있기도 하고요.

질문에 대한 반응도 그렇습니다. 저의 미래를 걱정해 주는 분들 덕에 돈 많은 남자들을 소개받았는데, 그 남자들의 평범한 질문에도 자격지심이 송곳처럼 솟구쳐 나왔습니다. 별 뜻 없이 "대학원 졸업하면 뭐 하실 거예요?"라고 물어봤는데, 제 귀에는 '대학원 졸업하고 돈은 어떻게 벌 거야? 남자한테 빌붙어 살 건 아니지?'라고 들렸습니다. 심할 때는 '자기가 돈 많다고 저러는 건가? 혹시라도 내가 빌붙어서 자기 돈 축낼까 봐?'라며 제 마음대로 해석했습니다.

건강한 자존감을 가지고 있었다면, 평범한 질문으로 대수롭지 않게 넘겼을 것입니다. 또는 긍정적으로 "그러게요. 졸업하고 뭐 하죠? 걱정이에요. 호호호"라고 응수했을 수도 있고, "뭘 하면 좋을까요?"라며 상대에게 지혜를 구했을 수도 있습니다. 같은 질문도 자격지심에 푹 절여진 사람과 아닌 사람이 받아들이는 것은 너무나 다릅니다.

"○○", 답장에서 가장 욕을 먹는 단어이자 가장 자주 사용되는 단어 중 하나입니다. 어떤 사람은 대수롭지 않게 여깁니다. 흔한 답장 방법이자, 편한 사이에 쓰는 말이라서 자신을 편하게 보는 것 같아 좋다고 합니다. 반면 자격지심이 있는 이들은 "'○○'은 너무 성의 없지 않아? 나는 정성스럽게 긴 문장을 입력해서 보냈는데 달랑 '○○'이 뭐야? 사람 무시하는 것도 아니고"라고 받아들입니다.

"ㅋ", 예민하게 자격지심을 느끼기 시작하면 끝이 없습니다. 'ㅋ'의 개수에 따라 ㅋ은 조롱이나 '큭' 하는 짧은 웃음, ㅋㅋ은 일상적인 말 또는 재미없는데 예의상 웃어 주는 것, ㅋㅋㅋ은 이제 그만 대화하자는 뜻, ㅋㅋㅋㅋㅋㅋㅋㅋㅋㅋㅋㅋㅋㅋㅋ는 진짜 웃긴 거라면서 민감하게 구분합니다. 해석을 민감하게 하다 보면 '그래 ㅋ' 이건 나를 조롱하는 뉘앙스 아니냐며 기분 나빠하는 경우도 있습니다.

좋아하는 사람에게 연락했는데 답이 없으면 '일각이 여삼추'(짧은 동안도 3년 같이 생각된다는 뜻) 같은 것은 누구나 마찬가지입니다.

답장을 기다리는 시간 동안 어떤 이는 '바쁜가 보네. 확인하면 연락하겠지. 좀 빨리 확인하면 좋겠는데' 정도에서 끝나는 것과 달리 자격지심이 출동한 사람은 '까였나 보다', '역시 나를 싫어하나 봐'라며 우울해합니다. 그러다가 잠시 후에 '아니, 싫어도 그렇지, 최소한 답장은 하는 게 예의 아니야? 사람 무시하는 것도 아니고'라며 분개합니다. 다행히 뒤늦게 답장이 오면 혼자만의 쇼로 끝나지만, 끝까지 답장이 오지 않으면 자신이 거절당하고 무시당했다고 여깁니다.

자격지심이 있으면 그냥 넘길 수 있는 것도 '나를 무시했다'고 여겨 불쾌해집니다. 소개팅, 데이트에서도 수시로 튀어나와서 연애를 망칠 뿐 아니라 어렵사리 시작된 연애 중에도 수시로 활약을 하지요. 예를 들어 남자친구랑 데이트하기로 했는데, 갑자기 남자친구의 친구에게 안 좋은 일이 생겨 같이 술 먹기로 했다며 약속을 미루면, 어떤 사람은 "그래. 잘 위로해줘"라며 자신은 다른 일을 합니다. 자격지심이 튀어나오면 "나랑 먼저 약속했잖아. 나랑 한 약속보다 친구가 더 중요해? 친구는 나중에 전화를 한 거잖아. 나랑 이미 약속이 있었다고 말을 했어야지. 너는 나를 뭐라고 생각하는 거야?"라며 분노합니다. 남자친구가 자기를 친구보다 하찮게 여긴다고 느낀 것입니다. 친구가 정말 도움이 필요해서 불렀을 수도 있다는 생각까지 하기 어렵습니다. 낄 데 안 낄 데 가리지 않고 튀어나오는 자격지심은 친구의 말 한 마디에도 불쑥 불쑥 나왔습니다.

"데이트할 때 왜 돈을 내? 내가 애써서 시간 내서 꾸미고 만나주는데 당연히 그쪽에서 사야지. 난 데이트할 때 지갑에 2천 원밖에 안 갖고 가. 그것도 안 쓰지만. 원래 데이트는 집으로 모시러 왔다가 다시 모셔다 주고 가는 거지."

이렇게 개념 없이 굴어도 공주 대접을 받는데, 데이트 비용도 내가 내고 잘해 주려 애써도 공주 대접을 받아본 적이 없기에 상대적으로 무수리 같은 느낌이 들어 울적해졌습니다.

수시로 '나를 무시하나?', '내가 만만한가?', '예의가 없네' 같은 생각이 들면, 자격지심을 유력한 용의자로 의심해 볼 수 있습니다. 자격지심 때문에 괴로운 사람에게 다행이자 불행은 한국인들이 전반적으로 자존감이 낮아 자격지심을 쉽게 느낀다는 점입니다. 혼자 이러는 것이 아니라 많은 동지들이 있다는 점은 기쁘나, 상대도 자존감이 낮아서 자격지심 필터를 끼고 듣기 때문에 별 뜻 없이 한 말이나 행동에 자신을 무시한다고 생각하며 마음이 상하기 쉽습니다. 둘 다 사소한 것에 '나를 무시하나?', '내가 만만한가?'라며 민감하게 반응하여 별것 아닌 일로 싸우기도 쉽습니다.

자격지심은 남이 어떻게 해 줄 수 있는 것이 아닙니다. '그렇게 생각할 건 없잖아'라고 해도, 자격지심 스위치가 발동되면 소용없습니다. '자기 스스로 미흡하게 여기는 마음으로 자신이 자신을 괴롭히는 것'이라는 말뜻처럼, 스스로를 갉아 먹을 뿐입니다.

똑똑한 연애를 위한
자존감 고양 프로젝트

연애를 하려면 건강한 자존감이 필요합니다. 하지만 자존감을 키우고 싶어도 소개팅에서 거절당하면 가뜩이나 낮은 자존감이 더 낮아집니다. 하늘에서 자존감이 뚝 떨어지는 것도 아니고, 어떻게 해야 자존감이 높아질까요. 자신을 존중하는 마음은 평생 관리해야 할 태도일지도 모릅니다. 자존감이 낮다는 것에 너무 좌절하기보다는 천천히, 충분한 시간을 가져야 한다는 현실을 받아들이는 것이 좋습니다.

그렇다고 자존감이 높아질 때까지 연애를 미루거나, 지금 당장 옆에 있는 사람에게 고통을 주면 안 되겠지요. 자존감 때문에 너무 힘든 현실을 살고 있는 분들을 위해 임시방편으로나마 자존감 높이는 법을 이야기해 보려고 합니다. 어디까지나 임시방편이니

급할 때 사용하고, 진짜 자존감은 나 자신을 사랑하는 데서 온다는 사실을 늘 잊지 않길 바랍니다.

자존감 고양 프로젝트 _ 하수 편

가장 쉬운 방법은 타인을 깎아내리는 것입니다. 스스로 나 잘났다고 하거나, 나만 잘났다고 하는 것은 하수입니다. 고수는 남을 깎아내리면서 자신을 교묘하게 올립니다.

"나도 대충 걸쳐 입고 다녀서 남 지적하기는 뭣하지만(겸손함을 밑밥을 깝니다.) 40대 미혼이면 좀 꾸며야 되는 거 아닐까? 40대 미혼인데, 머리는 곱슬인데 펌이라도 해서 좀 차분하게 하면 나이가 덜 들어 보이잖아, 그런데 단발머리가 곱슬머리로 뻗쳐 있어서 더 아줌마 같이 하고 다니고, 옷도 잘 꾸미지는 않아도 그냥 기본적으로 셔츠에 바지 단정하게만 입어도 괜찮잖아. 그런데 꼭 아줌마 같이 무릎보다 조금 더 긴 치마에다가 위에도 무릎 정도 오는 가디건을 입어. 그리고 종아리 중간까지 오는 양말을 신는 거야, 양말 신고 플랫슈즈 신고. 본인은 개성 있는 일본 스타일이라 생각하나 본데, 남이 보기에는 자다 나온 아줌마 같은 거지."

자신의 스타일이 좋다는 말은 한 마디도 하지 않았습니다. 오히려 대충하고 다닌다고 했는데, 그럼에도 불구하고 그 사람보다는 낫다는 의미가 됩니다. 가만히 있었으나, 상대적으로 미흡한 비교 대상이 등장함으로써 자기 자신은 괜찮은 사람이 됩니다.

"대체 어쩌려고 저러지. 지금 나이가 서른다섯이래. 변변찮은 직업이 있는 것도 아니고, 계속 대학원만 다니면 어쩌자는 거야? 집이 잘 사는 것도 아니고, 애기 들어보니까 아버지는 아프시고 동생은 빚지고 잠수 탔다더라고. 그러면 자기라도 정신 차리고 빨리 일을 하고 해야지. 무슨 생각인지 모르겠어."

자기 자랑은 한 마디도 하지 않았지만 어쩌려고 저러나 싶은 한심한 사람보다는 나아 보입니다. 이처럼 남을 깎아내리면 상대적으로 '그에 비하면 내가 낫네'라는 자존감 고양 효과가 생깁니다. 참 쉽게 자존감이 높아지는 듯한 착각에 빠지는 것입니다. 실제로 자존감이 높아지지는 않지만 타인을 깎아내리고 무시함으로써 타인보다 내가 낫다는 생각에 취약한 자존감이 잠시나마 보호됩니다. 별것 아닌 것들에서 우쭐함을 느끼며, 상대적으로 '난 괜찮아'라고 느끼기도 합니다.

"연휴에 제주도에 간다고? 미쳤어? 성수기에 왜 거길 가. 공항에 사람 바글바글하고 어딜 가나 사람 밖에 없을걸. 돈만 많이 들고 고생하는 거지."

연휴 여행을 멍청한 짓으로 깎아내리면 아무것도 하지 않는 자신이 더 낫다고 느껴집니다. 참 쉽습니다. 아무것도 하지 않고 계속 남이 하는 것을 평가절하하면 됩니다. 쉽고 간편하게 자존감이 조금 높아지는 기분을 느낄 수 있는 방법입니다. 하지만 이 방식은 치명적 부작용이 있습니다. '모두 까기'로 다른 사람들을 다 끌어내리다 보면 세상 사람들이 다 이상해 보입니다.

이렇게 되면 자신이 속해 있는 집단이 싫어지고, 혐오가 가속됩니다. 나 빼곤 다 이상하고, 도무지 이해할 수 없고, 멍청하기 짝이 없는 사람들이니 어울리고 싶지도 않습니다. 자신이 속한 집단이 아닌 하이클래스 집단과 어울려야 한다거나 외국에서는 안 그런다며 다른 집단을 동경하기도 합니다. 주위 사람들을 끌어내려 자존감을 고양시키는 전략의 부작용입니다.

부작용뿐 아니라, 치명적 약점도 있습니다. 이 방식은 기본적으로 '비교'를 전제하고 있기 때문에 내가 낮성, 부성 병가를 했던 요소에 의해 똑같이 평가되는 상황도 피하기 어렵습니다. 예를 들어 '그 나이 먹고 직업도 변변치 않고 집도 어렵다면서 왜 그러고 살아?'라며 나는 저것보다는 낫다며 자기만족을 느끼는 것은 '나이, 직업, 집안'을 기준점으로 삼은 것입니다. 동일한 기준으로 나이도 어린데 직업도 좋고, 집안도 좋은 사람을 보면 자존감이 다시 쪼그라듭니다. 괜히 주눅이 드는 것입니다.

애초에 기준점을 취향이 같다거나, 죽이 잘 맞아서 이런 사람 만나기 힘들 것 같다고 잡았다면 좀 달랐을 것입니다. 살면서 취미가 같은 사람은 쉽게 만날 수 있어도 취향이 흡사하거나 가치관이 유사한 사람 만나기는 어렵습니다. 취향, 가치관을 근거로 삼았다면 '이렇게 잘 맞기 어려운데…'라는 생각 때문에라도 자신감이 생겼을 것입니다. 자존감을 유지하기 위해 타인을 깎아내리면 동일한 근거에 의해 내 자존감을 다시 좀먹는 악순환이 일어납니다. 어떠한 기준이건 더 나은 사람은 있게 마련이니까요.

쉽지만 부작용과 단점이 많은 방법 외에 어렵지만 자존감을 정말
로 높여 주는 방법도 있습니다. 어렵다는 뜻은, 자존감이 낮으면
너무 쉽게 '나를 무시하나', '당하고만 살지 않겠어', '내가 만만한
가' 같은 심정이 울컥울컥 올라오기 때문에, 이런 생각이 들 때마
다 연습을 하는 귀찮음과 노력이 필요하다는 뜻입니다.

　자존감이 떨어지면 지하철에서 누가 쳐다봐도 '왜 그러지? 내
얼굴에 뭐 묻었나?' 같은 걱정이 먼저 듭니다. 혹은 '입 튀어나온
것 때문에 저러나?', '살쪘다고 저러나' 같은 콤플렉스가 신경 쓰입
니다. 생각이 불편한 방향으로 흐르기 시작하면 사람들의 시선에
째려봄으로 응수하게 되고, 예민하게 반응합니다. 말을 하지 않아
도 '뭐, 왜 쳐다보는데?' 같은 기운을 내뿜습니다.

　이런 부정적인 흐름을 막는 방법으로 지혜로운 대학원 동기가
알려준 한 마디는 매우 유효했습니다. 무슨 일이 있든지 '내가 예
뻐서 그래'라고 생각하는 것입니다. 길 가던 사람이 툭 치고 지나
가면서 미안하다고 사과도 안 하면 '역시 내가 예뻐서 그래'라고
생각하고, 직장 상사가 이유 없이 짜증내면서 나를 괴롭혀도 '역
시 내가 예뻐서 그래' 라고 생각하라는 것입니다. 매우 어처구니
없는 귀인입니다. 엉뚱합니다. 하지만 화를 가라앉히고 자존감을
높이는 데 꽤 효과적이었습니다.

　귀인(attribution)이란 '원인 찾기'입니다. 심리학 용어가 한자로
번역되면서 귀인(歸因)이라는 낯선 용어가 되었으나 '원인을 무엇

으로 돌릴 것인가'에 관한 것이라고 이해하면 쉽습니다. '다 내 탓이오'처럼 원인을 자신에게 찾는 것은 내귀인(內歸因)이라 하고, '오늘 날씨가 추워서', '쟤가 방해해서' 같은 남 탓은 외귀인(外歸因)이라고 합니다.

내적 귀인을 하느냐, 외적 귀인을 하느냐는 사람의 심리에 큰 영향을 미칩니다. 심리뿐 아니라 행동 결과도 180도로 달라집니다. 이번 시험을 망친 이유가 부모님이 싸우셔서 시험공부에 집중할 수 없었기 때문이라고 외귀인을 하는 사람과 자신의 노력이 부족했다고 내귀인을 하는 사람은 다음 시험 점수가 다를 것입니다. 연애가 힘든 것은 안 좋은 상대를 만났기 때문이라고 외귀인을 하는 사람과 자신이 미흡한 탓이라고 내귀인을 하는 사람의 다음 연애도 매우 다를 것입니다.

원인을 잘못 찾으며 엉뚱한 귀인을 하면 마음이 괴로울 수 있습니다. 앞사람이 핸드폰만 보느라 툭 치고 지나갔으면 '핸드폰 보느라 못 봐서 부딪혔다'라고 귀인을 해야 하는데, '내가 왜소해서 치고 지나가는 건가? 내가 만만하지?'라고 귀인해 버리면 괴롭습니다. 이처럼 귀인을 잘못 하는 것을 귀인 오류(attribution error)라 합니다.

부자인 친구가 밤새워 공부해서 성적을 잘 받았는데 '흥, 쟤는 집이 잘 살아서 걱정 없이 공부만 하니까 그렇지'라고 해석하는 것(밤새워 공부했으니 성적을 잘 받은 것이지요.), 시험이 쉬워서 점수를 잘 받았는데 '이게 다 내가 똑똑한 탓이지'라면서 의기양양하는 것

(모두가 성적을 잘 받았으면 나만 똑똑한 건 아닙니다.), 남자친구가 자신을 사랑하지 않기 때문에 연락을 안 한다고 생각하는 것(연락 싫어하는 사람도 있고 2~3분의 물리적 시간은 있으나 마음의 여유가 없는 사람이 많습니다.) 등은 귀인 오류의 예입니다. 오류(error)라는 말은 문제가 되는 것이므로 인식하며 고쳐야 될 것으로 여겨집니다.

"내가 예뻐서 그래"라는 것은 작정하고 귀인 오류를 하겠다는 역발상입니다. 의도적 귀인 오류나 효과는 좋았습니다. 나를 무시한다고 생각하는 것보다 긍정적 감정이 들기 때문입니다. 한때 온라인에서 유행했던 '이게 다 내가 귀여운 탓인가'라는 것도 같은 맥락에서 효용성이 크다고 봅니다. 이 주문은 대중교통에서 누군가 나를 쳐다봐서 기분이 나빠지려 할 때, 소개팅 할 때, 연락 씹힐 때, 나를 무시하는 느낌이 들 때 외우면 효과 만점이었습니다.

사람마다 매력적이라고 여기는 요소가 다르고, 끌리는 것이 다릅니다. 보편성도 있지만 독특성도 무시할 수 없습니다. 그러니 모든 사람이 나를 좋아하고 나에게 관심을 가질 가능성은 없습니다. 당연한 일을 두고 '내가 못 생겨서 그래', '내가 돈이 많았어도 저랬을까', '내가 키가 작아서 그래'라는 자존감을 갉아먹는 귀인 대신 '내가 예뻐서 그래'라는 주문을 외우는 것이 도움이 될 수 있습니다.

쉬운 방법들은 쉬운 대신 기능이 적습니다. '나를 무시하는 건가'라는 생각이 들 때 '내가 예뻐서 그래'라고 생각하면, 자존감이 내려는 것을 막아줄 뿐 자존감을 올려주지는 못합니다. '내가 예뻐서 그래'라고 생각하면 스스로 생각해도 어처구니가 없어서 웃음이 나는 것이지, 정말 괜찮다고 느껴서 기분이 좋아지는 것은 아니기 때문입니다.

자존감 고양 프로젝트 _ 고수 편

자존감을 높이려면 뭔가가 쌓여야 됩니다. 긍정적인 평가를 통해 긍정적 감정이 쌓여야 하는데, 주위 사람들의 인정을 통해 쌓는 것은 어렵습니다. 한국 문화는 아직도 칭찬에 인색합니다. 『칭찬은 고래도 춤추게 한다』(21세기북스, 2003)가 선풍적인 인기를 끌 때도 "뭐 칭찬할 게 있어야 칭찬을 하지", "잘하고 있으면 그냥 두는 거지. 뭘 그걸 칭찬을 해"라는 사람들이 많았습니다. 칭찬 잘해 주고, 나를 인정해 주면서 자존감을 높이는 데 도움을 주는 은인을 만나기는 현실적으로 어렵지요. 설령 칭찬해 주는 사람이 있다 해도, 자존감이 낮아서 칭찬을 의심할 수 있습니다. '왜 저러지? 나한테 부탁할 거 있나?', '예의상 하는 말인가 보다. 칭찬으로 밑밥 깔고 더 시키려고 그러나?'라거나 '넌 원래 좋은 말만 하잖아'라며 곧이곧대로 듣지 못할 수로 있습니다. 그랬던 제게 효과가 있던 것은 저 스스로 보너스 점수를 주는 것이었습니다.

뒷사람이 따라올 때 유리문을 잡아 주었다면, 그 사람이 고맙다고 했든 모른 채 쌩하니 지나쳤든 간에 지는 뒷사람까지 배려할 수 있는 여유가 있는 사람이 되었다는 것에 +1점을 주었습니다. 택시에서 내리면서 "감사합니다"라는 인사 한마디하면서도 '나는 최소한 감사 인사는 할 줄 아는 사람'이라며 제가 티끌만큼 괜찮은 사람이 되었다는 것에 또 추가 점수를 줬습니다. 바람이 세게 부는 날, 문가에 앉은 사람이 추울까 봐 히터 방향을 조금 틀어 주었을 때, 그 사람은 저의 배려를 모를지라도 혼자 뿌듯해했습니다. 상대가 고마워하든 말든 저 스스로 자꾸 점수를 주었습니다.

시험 자료를 보내줬더니 고맙다는 말은커녕 자기가 머리 좋아서 시험 잘 봤다고 하는 사람을 보고 짜증이 났다고 가정해 봅시다. 그 사람이 인정해 주지 않으면 나는 바보같은 짓을 한 걸까요? 이것은 고마움도 모르는 그 사람에게 평가를 내맡긴 것입니다. 그런 사람은 나를 평가할 자격이 없습니다. 나는 내가 평가합니다. 시험 자료를 나눠줄 수 있는 내 자신이 기특하다면 스스로 쓰담쓰담해 주면 됩니다. 고마운 것도 모르는 사람이 내리는 평가보다 베풀 줄 아는 내가 나에게 주는 평가가 더 가치 있습니다.

남의 평가에 연연하면 남이 알게 해야 하기 때문에 구차해지기 십상입니다. 언제쯤 알아채고 반응해줄지 노심초사 기다려야 하고, 기다렸지만 반응이 없으면 '나를 무시하나' 하는 자격지심이 출동합니다. 섭섭해질 때도 많습니다. 특히, '고맙다'는 말이 없으면 내가 한 것이 '헛짓'이 된 것 같아 우울해하곤 합니다. 이제는 상대가 고마워하든 말든 '나는 도와줬으니까 훌륭한 사람이야. 고마워할 줄 모르는 것은 그 사람 사정이고. 내가 그 사람 인성이나 예의를 어떻게 할 수는 없으니까. 아무튼 난 잘했어'라고 생각하고 끝내야 합니다. 고맙다는 답이 언제 오는지 초조하게 기다리지 않아도 되고, 시큰둥해도 크게 마음 쓰지 않아야 합니다.

　문제는 이 마음은 일괄적용이 잘 안 된다는 것인데, 어떤 부분에서는 이렇게 생각을 바꿔 행복해졌으나, 경조사에는 피할 수 없이 섭섭해지기도 했습니다. 결혼식에 직접 초대받지 않고 전체 공지로 소식을 들어도 참석했고, 장례식이 있다면 쫓아가곤 했는데, 고마워한 사람은 소수였습니다. 결혼식 날이 그 사람 얼굴을 본 마지막 날인 사람도 수두룩하고, 장례식에 간 것을 기억조차 못하는 사람도 많았습니다. 경조사에 참석함으로써 그 사람과 친해지고 싶고 인정받고 싶었는데, '지나는 행인 1, 2, 3' 중 하나가 되어버린 느낌에 울적했었습니다. 이래서 결혼식은 정말 좋아하는 사람의 결혼식만 가기로 했는데 장례식은 머뭇거려졌습니다. '경사는 몰라도 애사는 가야 한다'는 말이 마음에 걸렸기 때문입니다. 스승님께 친하지 않은 사람과 관련된 장례식은 가기 싫어졌다고 고민을 털어놓자 핵을 짚어주셨습니다.

　"음, 그건 미정 씨가 그 사람이 고마워하지 않아서 섭섭한 거 같아요. 그럴 수 있죠. 얌체같이 느껴지는 사람이 왜 없겠어요. 그런데 내가 그 사람에게 베풀어 줬다고 생각하면 어떨까요? 결혼식 이후에 연락 없어도 그 사람의 결혼을 기꺼이 축하해줄 수 있다는 마음이면 괜찮아요. 장례식도 그 사람이 나중에 연락 안 해도 내가 형편이 되어 슬픈 사람을 도와줬다고 생각하고 끝내면 마음이 편해져요. 꼭 가야만 하는 거 아니에요. 지금까지 갔으면 안 가기도 해 봐요. 안 갔을 때 마음과 갔을 때 마음을 비교해 봐요."

이 말은 '나는 기꺼이 축하를 해 줄 수 있는 사람', '나는 슬픔을 위로해 줄 수 있는 사람'이라고 스스로 평가를 해야 한다는 말처럼 생각됐습니다. 결심과는 다르게 '내가 그렇지 뭐'라는 자격지심이 출동하기도 하나, 사람은 원래 그런다고 믿기로 했습니다. 이런 순간에도 '내가 자격지심을 느낀다는 것을 인지는 했어, 많이 늘었네'라며 또 점수를 주었습니다.

이처럼 자기 스스로 자신을 제3자처럼 보는 힘을 '메타 인지'라고 합니다. 스스로 자격지심을 느끼고 있다는 것을 인식하는 메타 인지 능력이 늘었다는 것은 정말 훌륭한 일입니다.

자존감 고양 프로젝트 _ 응용 편

가산점을 주며 스스로 자존감을 쌓는 것까지 익숙해진 뒤에는 응용 심화 적용을 해 보았습니다. '내가 예뻐서 그래'라는 단순 귀인과 '남들이 알든 모르든 잘했어'라는 것을 결합해 보았습니다. 먼저 연애 장면으로 연습을 해 보았습니다. 남자친구가 피곤해 보일 때 "오빠, 피곤하지? 쉬어"라고 말했을 때, 나는 옆 사람의 피곤함을 고려할 수 있는 괜찮은 행동을 했다며 스스로 뿌듯해합니다.

연애 중에는 막말로 '챙겨 줘도 난리'인 상황을 종종 만나게 됩니다. "이번 주까지 그거 마쳐야 된다며? 빨리 해. 내가 뭐 도와줄까?"라고 해도, 자기도 안다며 신경질을 확 내기도 합니다. 챙겨 줘도 고맙다는 생각을 할 여력이 없는 그 사람이 딱한 것일 뿐, 내 잘못이 아닙니다. 나는 챙겨 줘도 난리인 사람을 챙겨 줄 정도로 대인배 같이 굴었다는 점에 스스로 대견하다고 느끼면 됩니다. 간장종지보다 속이 좁은 날도 많지만, 짜증부리는 애인을 받아주는 날만큼은 스스로 난 참 대단하다며 자존감을 높게 생각해도 되지 않을까요. 특히 나 자신을 괴롭히던 것들은 연습 문제 풀듯 생각 연습을 해 보는 것도 좋습니다.

• 좋아하는 사람이 내게 짜증을 부리거나 함부로 대한다

→ '나는 그래도 되는 사람인가? 난 아무것도 아닌가?' (×)

　'난 정말 대단해. 짜증 부리는 사람을 대인배처럼 챙겨 주고 있어. 내가 더 성장했군. 후후후.' (○)

• 애인이 바람을 폈다

→ '내가 바람피운 상대보다 못났나? 나는 소중한 사람이 아닌가? 나는 상처 줘도 되는 사람인가?' (×)

→ '애인은 한 사람과 진득한 연애를 못하는 사람인가 보다. 나는 한 사람과 오래 연애하는 거 가능한데, 뭔가 이 사람은 심리적 문제가 있나 보다.' (○)

• 연락을 했는데 답이 없다

→ '나를 피하나, 나를 싫어하나, 일부러 씹는 건가, 좋아하면 이러지 않을 텐데 내가 별로라 이러는 걸 거야.' (×)

→ '바쁜가 보구나. 연락하는 건 내 자유고, 답하는 건 그 사람 자

유니까. 난 내가 하고 싶은 대로 했으니 됐고, 상대가 하고 싶은 대로 하는 것도 존중해 줄 수 있는 훌륭한 사람이야.' (ㅇ)

　요점은 어떤 상황이든 간에 그것이 '나를 무시하는 것이다'라고 생각하는 것과 그렇지 않다고 생각하는 것은 현재의 행복감에서 큰 차이가 나고, 미래의 행복에도 큰 차이를 불러일으킨다는 점입니다.

　택시 기사님이 불쾌한 말을 했을 때 '내가 만만했기 때문'이라고 귀인을 하는 것과 '오늘 안 좋은 일 있으신가 보네'라고 하는 것은 다릅니다. 상사가 짜증을 부리고 괴롭힐 때 '왜 맨날 나한테만 그래? 내가 만만하지? 나는 왜 이렇게 사나. 나는 이렇게 개처럼 일하며 욕먹을 팔자인가. 이번 생은 틀렸나'라고 생각하는 것과 '신경질쟁이. 맨날 짜증 부리면 자기도 힘들고 나도 힘들고, 참 비효율적인데. 저 사람에 비하면 난 좀 정서안정성이 높고 효율적인 듯'이라고 생각하는 것은 아주 다릅니다.

　이는 제가 연구하고 있는 '눈치 역량'에서도 나타났습니다. 눈치 있는 사람과 눈치 없는 사람을 인터뷰하다 보니 큰 차이점 중 하나가 이것이었습니다. 눈치 없는 사람들은 다 '나 때문인가?'라고 생각하는 경향이 높았습니다. 상사가 갑자기 기분이 언짢아진 것 같으면 '내가 뭐 실수했나? 왜 그러시지?'라고 생각하며 눈치를 봐서 더욱 눈치 없다는 소리를 듣습니다. 반면 눈치 있는 사람들은 원인을 자기 때문이라 생각하지 않았습니다. 설령 자신의 말이

나 행동 때문에 촉발이 되었어도 '그걸 받아들이는 사람의 문제이지, 그게 내 탓이냐'라는 태도도 있었습니다. 눈치 빠른 사람들은 '나 때문에 저러나?'라며 안절부절못하는 대신, '뭘 바라는 거지?'를 알아내는 데 노력을 기울였습니다.

내 감정은 내 탓이고, 쟤 감정은 쟤 탓입니다. 상대가 감정 조절 못하는 것을 내가 책임지고 받아줘야 할 이유는 없습니다. 내가 책임져야 할 부분은 예민하게 반응하고 있는 내 감정입니다.

자존감의 친구,
연애 효능감 챙기기

성격 공부를 열심히 해도 자존감 때문에 제대로 써 먹을 수 없듯이 자존감을 키워도 바로 연애 능력이 좋아지지는 않습니다. 자존감과 또 다른 영역인 자기 효능감 때문입니다. 자기 효능감(self-efficacy)은 어떠한 일을 할 수 있다는 믿음으로 '난 저 일을 해낼 수 있다, 없다'에 대한 지각입니다.

'내가 딴 건 몰라도 정리는 잘하지'라면 정리에 대한 자기 효능감이 있는 것이고, '난 요리는 젬병이야. 내가 한 건 나도 먹기 싫어. 내가 해 봤자 망칠걸'이라면 요리에 대한 효능감이 없는 것입니다. 정리, 요리, 연애, 업무 같이 특정한 어떤 것에 대한 자기 효능감은 영역기반 효능감(domain-specific self-efficacy)이며, 어떤 일에 대해서든 '잘 될 거야, 할 수 있어'라거나 '내가 할 수 있을까, 망할 거 같은데'라는 것은 전반적 자기 효능감(general self-efficacy)입니다.

연애가 안 풀리는 원인은 전반적 자기 효능감이 낮아서 '내가 그렇지 뭐. 난 잘하는 게 없어. 연애라고 잘할까'라는 것일 수 있습니다. 이와 달리 공부도, 일도, 운동도, 다 잘하는데 연애는 힘들다는 사람은 전반적 자기 효능감은 높으나 연애 효능감이 낮은 것으로 볼 수 있습니다.

'자존심, 자존감, 자기 효능감, 연애 효능감'의 개념을 조각조각 세분화하는 것이 복잡하게 느껴질 수도 있으나 조각낼수록 하나씩 처리하기가 쉬워집니다. 할 일이 너무 많아 스트레스를 받을 때 종이에 하나하나 적어 보면 쉽게 스트레스가 줄어듭니다. '할 일이 너무 많아 미칠 것 같아'라고 해도 막상 적어 보면 '당장 해야 할 일은 두 개밖에 없네? 이건 좀 천천히 해도 되고' 같은 상황이 됩니다. 할 일이 헤아릴 수 없을 만큼 많은 게 아니라 열 손가락으로도 충분히 셀 수 있을 만큼 한정적이라는 것을 깨닫게 되어 실체 없는 부담감이 줄어드는 것입니다. 마찬가지로 심리적 문제도 하나하나 뜯어내면 진짜 문제에 가까워집니다.

자기 효능감은 마음먹기에 따라 결과가 달라지는 대표적 감정일 수 있습니다. 발표 효능감이 높은 사람은 자신이 발표를 잘할 거라 생각해서 느긋할 터이나, 발표 효능감이 낮은 사람은 발표를 망칠까 봐 전전긍긍하고 며칠 전부터 불안해하면서 망할 거라는 생각을 합니다. 잘할 거라며 느긋하게 발표한 사람과 망칠 거라며 초긴장한 사람의 결과는 짐작이 갈 것입니다. 자기 효능감이 낮은 사람은 쉽게 낙담하고 포기하는 경향이 있고 스트레스도 많이 받습니다. 자기 효능감이 높은 사람은 실패를 '외부 원인' 탓으로 돌리는데, 자기 효능감이 낮은 사람은 자기가 못나서 실패했다고 생각하기 때문에 자기 효능감이 더 낮아집니다. 자기 효능감만 낮아지는 것이 아니라 자신의 자존감까지 끌어내리기도 합니다.

연애 효능감이 낮아서 잘 안 될 것 같다고 생각하면 엉뚱한 헛발질을 수시로 합니다. 사귀는 사람 있는지 한 마디 물어보면 될 일을, 혼자 상대의 SNS를 조사하며 애인이 없는 것 같으면 좋아하다가 아는 이성이 있는 것 같으면 낙담하기도 합니다. 단편적인 정보를 멋대로 재단해 시작도 못해 보고 포기하는 것입니다.

연애 효능감이 낮아 잘 안 될 것 같고 불안하면 온라인에서 뿐 아니라 현실에서도 무작정 고백하고 보는 헛발질도 자주 하게 됩니다. 예를 들어 카페 알바생에게 반했을 때 연애 효능감이 높은 사람은 장기 프로젝트를 진행합니다. 당장 고백하면 낯선 손님이 껄떡댄다고 여기며 방어할 테니 매일 가서 커피 한 잔 사먹고, 추근거리지 않으면서 가벼운 대화를 이어 갑니다. 몇 달을 추근거리지 않으면서 호의적으로 대하는 사람을 보니 알바생도 마음이 열리고, 몇 개월이 지나자 누가 먼저랄 것 없이 데이트하자고 하여 사귀게 됩니다. 하지만 연애 효능감이 낮은 사람은 사귈 수 있을 거라는 믿음이 없기 때문에 '내가 고백하지 않는 사이에 애인이 생기면? 그러면 고백도 못하고 차이는 거잖아. 어차피 차이더라도 고백이라도 하는 게 낫지 않을까?'라며 조바심을 냅니다. 반한 다음날 불쑥 '저 그쪽이 좋거든요. 따로 밥이라도…'라고 했다가 거절당하기 일쑤입니다.

연애 효능감이 낮아 겁을 내면서 왜 고백만큼은 과감한지 의아한데, 이는 행동 편향(action bias) 때문입니다. 행동 편향은 안 좋은 결과가 예상되더라도 아무것도 하지 않는 것보다 무언가 하는 것이 낫다는 잘못된 믿음입니다. 축구 선수들이 무리하게 골을 차는 이유도 이런 심리라고 합니다. 지금 공을 차봤자 안 들어갈 것이 뻔하다 해도 킥을 하지 않고 후회하는 것보다 차고 안 들어가는 편이 낫다고 생각합니다. 물론 그것은 그 선수 생각이고 보는 팬들은 속이 터집니다. 더 큰 문제는 재차 까인 경험, 잘 안 된 경험만 있으면 시간이 흐르며 구체적인 일은 잊게 되고 전반적인 기분만 남는다는 사실입니다.

감정 중에서 희로애락처럼 구체적인 것은 정서(emotion)이고, 좋고 나쁜 것은 기분(mood)입니다. 정서는 원인이 분명하기 때문에 해소하기도 쉽습니다. 화가 났다면 화가 난 원인이 있을 터이고, 그 문제가 해결 되면 화가 가라앉습니다. 따라서 정서는 오래 가지 않습니다. 반면 기분은 원인이 모호합니다. 기분이 좋은데 왜 좋은지 잘 모르겠고, 기분이 별로이나 별로인 이유도 뚜렷하지 않을 때가 많습니다. 원인이 모호하기에 기분은 오래 갑니다. 연애가 힘들었던 기억들이 흐릿해지기 시작하면 힘들었다는 나쁜 기분만 남습니다. 시커먼 먹구름이 가득 껴서 답답한 날씨 같은 기분입니다. 컴컴하고 묵직한 먹구름 같은 기분이 들면 부정적 확증 편향도 함께 나타납니다.

면접 볼 때 떨리니까 "나 망칠 것 같아. 너무 떨려. 느낌이 안 좋아"라고 하면 실제로 망치는 경우도 잦고, "거 봐. 내가 오늘 망할 거 같더라니…"라며 확신합니다. 앞서 언급했듯이 확증 편향 (confirmation bias)은 자신이 생각한 것과 맞는 정보만 받아들이고, 반대되는 정보는 의도적으로 무시하는 것입니다. 상대방이 나를 좋아할 리 없다고 믿고 있으면, 상대도 긴장해서 굳어 있는 것을 '표정이 나 보자마자 실망한 얼굴이더라고', '말이 별로 없는 거야. 내가 별로였던 거지'라는 식으로 받아들입니다. 상대방이 호감을 가져도 믿지 않습니다. 되레 카톡이 씹히거나, 상대방 반응이 안 좋으면 "거 봐. 내가 이럴 거라고 했잖아. 내가 잘 될 리가 없지"라며 자신의 예측이 맞았다고 생각합니다. 심지어 자신도 모르는 사이, 자신의 예언을 실현하기 위해 애쓰기도 합니다. '어차피 안 될 건데 뭐'라며 투덜대거나 아예 노력을 안 하기도 합니다.

연애 효능감을 높이려면 어떻게 해야 할까요? 다른 효능감으로 바꿔서 생각해 봅시다. 전 음치에 박치라 제가 음악을 잘할 거라는 효능감 따위는 눈꼽만큼도 없었습니다. 국악원 원장님께 "저는 음치, 박치라 못해요"라고 했더니, 원장님은 "제대로 배워본 적이 없어서 그래요. 박치라고 하는 사람들은 잘 모르는 것뿐이지, 사실 박치가 아닌 경우가 대부분이에요. 진짜 박치는 거의 없어요"라며 박자 맞추는 법을 알려주셨습니다. 전 평생 박치로 살 거라고 포기하고 있어서였을까요. 타고난 박치는 없으며 제대로 배워 보면 달라질 수 있다는 말이 큰 희망이 되었습니다.

연애도 '난 안 되는 사람'이라고 생각하는 것보다는 지식이 좀 없다고 생각하는 편이 연애 효능감을 높이는 데는 낫습니다. 키, 얼굴, 돈 등 내 의지로 바꾸기가 어려운 것 때문에 안 된다고 생각하면 영영 혼자 살아야 될 것입니다. 하지만 '내가 잘 몰랐던 거지', '꼭 남녀를 구분해서 남자는 이래, 여자는 이래, 이런 건 아니지만 공부를 하니 좀 다르네' 같이 생각하면 점점 자신감이 붙습니다.

다음으로 모두에게 통용되는 '누구나 호의적인 사람을 좋아한다'는 진리를 떠올리면 연애 효능감을 높이는 데 도움이 됩니다. 산책로에서 만난 낯선 강아지도 내가 먼저 반기면 꼬리를 흔듭니다. 자기 강아지가 나에게 호의를 보이면, 강아지 주인들은 "어머, 자기 좋아하는 거 아나 보네. 개들도 다 안다니까"라고 해석합니다. 이유가 무엇인지는 불분명하나, 개들은 자기를 좋아하는 사람을 아주 잘 알아봅니다. 반면 겁내는 사람에게는 이를 드러내고 공격적으로 굴기도 하고, 싫어하는 사람에게는 개도 무심하게 굽니다.

'날 싫어할 텐데'라며 차일까 봐 방어적으로 굴 때면 소개팅이 싸늘하게 끝나곤 합니다. 하지만 '난 네가 좋아, 난 호의적이지. 내가 이렇게 하니 너도 기분 좋지? 너도 날 좋아할걸', '너도 날 좋아할 거야, 좋아할걸, 좋아할걸' 이런 생각을 주문 외듯 한 날은,

나도 모르는 새 꽤 밝게 굴었는지 소개팅 분위기도 화기애애하게 변했습니다.

　미소는 전염성이 있습니다. 가게에서 스치는 손님과 점원, 길에서 부딪히는 사람도 씨익 미소를 지으면 따라 웃게 되고 기분이 좋아집니다. 나를 노려보거나 뚱하게 구는 것보다야 당연히 나를 좋아하는 듯한 제스처가 좋을 수밖에 없습니다. 강아지, 고양이, 아기만 자기 좋아하는 사람을 좋아하는 게 아니라 다 큰 성인도 자기 좋아하는 사람을 좋아합니다. 이성으로 나에게 관심을 가져주면 좋겠지만, 어쨌든 내가 호의적이면 상대도 호의적일 거라는 사실만 기억해도 연애가 어렵게만 느껴지진 않을 것입니다.

혼자 설레고 상상하는 것도
필요하다

자존감도 낮고, 연애 효능감도 낮으면 내가 하는 일은 대부분 문제가 있는 것처럼 느껴집니다. 이때는 '나에겐 분명 문제가 있다' 같은 책들만 눈에 쏙 들어오고, 내가 하는 일은 다 고쳐야 될 대상으로 보였습니다. 가장 문제로 느껴진 것은 혼자 설레고 혼자 상상하는 것이었습니다.

사람은 3분 안에 머릿속으로 결혼까지 해 본다고 합니다. 1분이면 고백하고, 1분이면 사귀고, 1분이면 결혼한 모습까지 순식간에 상상할 수 있다고 합니다. 저도 그랬습니다. 편의점에서, 카페에서, 길에서, 짧은 순간 그 사람과 연애와 결혼을 상상했습니다. 그 사람은 아무 생각도 없는데 '이 사람은 아니야'라며 혼자 3분 연애를 마치고 이별까지 하고 나왔습니다. 이렇게 혼자 상상 연애를 하노라면 죄를 짓는 기분이었습니다.

'난 저 사람과 섹스를 해 보고 싶어'라는 상상은 해 본 적이 없으나, 어쨌거나 그 사람은 아무 생각도 없는데 나 혼자 그 사람과 내가 연애하고 결혼해서 살면 어떨까 상상했다는 것만으로 그 사람을 '범한' 것 같았습니다. 죄책감보다 내가 정말 멍청이가 된 것 같은 느낌이 들어 괴로웠습니다.

'또, 또 날뛴다. 정신 차려. 아니야. 또 혼자 헛물켜는 거야. 그냥 저 사람은 손님한테 친절히 웃어 준 거야. 네가 좋아서 그런 거 아니라고. 두근대지 좀 마. 눈치 없는 심장 같으니라고.'

상대는 아무 뜻 없었을 텐데 김칫국을 김치 통째로 들이켜고 있는 것 같았습니다. 꽤 오랫동안 수행하는 마음으로 착각 시동이 걸리기 전에 제 감정을 검열하고 야단치는 연습을 하기도 했습니다. '착각하지 마, 저 사람은 그냥 모든 사람에게 친절한 거야, 나한테 관심 있어서 그런 게 아니야'라고 제가 느끼는 썸 같은 감정을 의심했습니다. 단순한 친절이 아니라는 느낌이 강력히 드는데도 '아니야, 또 착각하지 마. 차갑게 있어'라며 모른 체하기도 했습니다. 연애 감정을 느끼는 면에서 나 자신이 참 못 미덥던 것입니다. 그보다 설레고 내가 더 좋아하다가 상처받을까 봐 마음을 차단하는 연습을 했다는 것이 더 솔직한 이유였습니다.

하지만 누군가에게 설레고 연애에 대해 상상하는 것이 연애에 꼭 필요한 '능력'이라는 것을 깨닫게 된 것은 최근의 일입니다. 혼자 설레고 상상할 수 있는 것은 연애 시작뿐 아니라, 사귀고 나서 관계를 유지하는 데에도 꼭 필요한 능력입니다. 재미있는 점은 이와 같은 상상력이 편견을 감소시키는 효과도 있다는 점입니다.

잘 모르는 사람과 만나고 사귀는 것에 대해 구체적으로 상상해보는 것을 '상상 접촉(imagined contact)'이라고 합니다. '외국인이랑 사귀면 어떨 거 같아?', '부산 사람과 사귀면 어떨 거 같아?' 같은 질문은 잠깐의 상상만으로도 그 집단에 대한 편견을 감소시키는 데 효과적이라고 합니다. '공대 남자는 어떨 것 같아?'라는 것을 상상한다거나 '공대 여자와 만나면 어떨까?', '키 작은 남자는 어떨까?', '못생긴 여자와 사귀면 어떨까?' 등에 대해 상상하는 것만으로도 생각이 꽤 바뀐다고 합니다. 연구자들은 단지 '상상해 보는 과정'만으로도 효과가 있기 때문에 상상 접촉이 매우 경제성이 높다는 장점까지 피력했습니다. 죄스럽고 바보 같던 그 능력은 없애버려서는 안 될 것이었습니다.

예전에는 상상 접촉의 효과를 몰랐고, 혼자 설레고 상상하는 것은 솔로의 바보 같은 특징이라 생각해서 연애 시작과 동시에 봉인을 했습니다. 남자친구가 있는데 다른 사람과 연애하는 것을 상상하는 것은 미안하게 느껴졌습니다. 더 이상 누군가를 보고 설레면 안 될 것 같고, 연애하고 어느 정도 기간이 지나면 설레지 않는 것은 어쩔 수 없는 일 같았습니다.

하지만 혼자 상상하며 설레던 능력을 봉인 해제해 남자친구를 두고 상상을 했더니 수시로 설렜습니다. 남자친구가 잘해 줄 때 혼자 '정말 나를 좋아하나 보다'라고 상상하는 것과 취조하듯 '나

얼마만큼 좋아해?'라고 물어보는 것은 달랐습니다. 질문은 상상보다 제한적입니다. '얼마나 좋아하냐 또는 사랑하냐'는 질문에 대한 답은 '많이 좋아한다' 또는 무덤덤한 '응' 정도일 가능성이 높기 때문에 설레기보다 흥이 깨지기 쉽습니다. 3분 연애의 묘미는 쳐다보는 것 하나 가지고도 '나 좋아하나?'라며 나 혼자 상상하고 설레는 것이지 "저 좋아하세요? 왜 쳐다보셨어요?"라고 묻는 것이 아닙니다.

이처럼 혼자서도 설레고 혼자서도 행복할 수 있는 것은 중요한 능력입니다. 나를 쳐다볼 때, 웃어줄 때, 챙겨줄 때 수시로 상상을 하며 눈치 없이 쿵덕대는 심장을 자유로이 해방시켜주면, 일일이 말로 확인하는 것보다 더 설렙니다. 혼자서도 잘 노는 사람이 둘이서도 재미나듯 혼자서 잘 설레고 행복한 사람이 연애할 때도 행복합니다.

PART 3

좀 더 행복한 사랑을 위해
명심할 것들

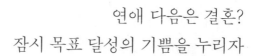

연애 다음은 결혼?
잠시 목표 달성의 기쁨을 누리자

상대에게 호감이 갈 때는 사귀게 되기만 하면 소원이 없을 것 같 았습니다. 마치 대학에 합격하기만 하면 더 이상 소원이 없을 것 같고, 졸업만 하면 더 바라는 게 없을 것 같던 심정이었습니다. 대 학 입학이 시작, 졸업도 또 다른 시작, 취업 역시 또 시작인 것을 매번 겪으면서도 연애가 관계의 시작이라는 생각은 못했습니다. 사귀기를 고대하다가 드디어 그 소원이 이루어진 날이 왔습니다.

'오늘부터 1일!'

그토록 바라 마지않던 그 날이 되었는데 어처구니없게 어색함 과 허무함이 몰려왔습니다. "우리 친하게 지내자"라고 한다고 그 즉시 친해지지 않는 것처럼 사귀기로 했다고 갑자기 가까워지는 것도 아니었습니다. 여전히 어색하고 불편했습니다. 사귀기로 했으니 연락 꼬박꼬박하고 뭘 해야 할 것 같은 의무감은 들었으나, 갑자기 사랑이 끓어오르는 것은 아니었습니다. 사귀기로 했지만 어제와 다를 바 없이 어색한 현실이 당황스러웠고, 사귀기만 하면 소원이 없겠다던 목표가 사라지자 목표 상실 증후군이 몰려왔습니다. 사귄 뒤 섹스를 하겠다는 목표라도 있다면, 손잡고, 키스하고, 섹스할 목표가 남아 덜 허무했을지도 모릅니다. 그마저도 건너뛰고 성급하게 '다음은 결혼인가?'라고 생각하니 소원 성취한 기쁨을 느낄 겨를도 없이 불안해졌습니다. 사귀는 것과 결혼은 이야기가 다릅니다. 사귀는 것은 그냥 좋으니까 사귈 수도 있는데, 상대방이 집안 환경 등 결혼 조건으로는 좋지 않다 싶으면 결혼해서 고생할 것 같다는 생각이 들었습니다. 연애는 연애요, 결혼은 결혼이니, 사귀면서 대뜸 결혼 걱정을 하는 것이 너무하다 싶으면서도 괜히 사귀기로 했다는 후회가 들기도 합니다. 결혼해서 힘들 것이 훤한데 혹시라도 더 마음이 깊어져 결혼까지 하고 싶으면 어쩌나요.

사람을 '감'으로 나누어 애인감, 배우자감으로 나누는 것이 불편하게 들릴 수 있으나, 애인감으로는 괜찮아도 배우자감으로는 고민스러운 사람이 대다수입니다. 더욱이 요즘처럼 경제적 조건을 따져 집 마련, 결혼 후 생계유지 등이 가능한 젊은이들이 얼마나 될까요. 사귀자마자, 그럼 언제 결혼할지, 결혼을 할 만한지부터 생각한다는 것은 참 슬픈 일입니다.

사귀기로 했다고 해서 뭔가 달라지는 것이 아니라 이미 친구들과 가 봤던 맛집에 가고, 흔한 체인점 커피숍을 가는 정도였습니다. 그나마 처음에는 서로 신경을 쓰느라 맛집을 찾아다녔으나, 좀 지나자 대충 밥 한 끼 때우고 커피 한 잔 마시곤 했습니다. 예전엔 친구와 하던 일을 사귀기로 한 뒤에는 남자친구와 하는 것, 친구와는 의무적으로 연락하고 의무적으로 일정 기간에 한 번씩 만나지 않아도 되지만 남자친구와는 그래야 하는 차이 정도였습니다. 비교하자면 사귀기 전과 달라진 것은 제약이 많아진 것뿐이었습니다. 사귀기 전에는 여러 사람에게 걸쳐 놓고 썸을 타듯 연락을 하거나 데이트를 할 수 있었는데, 사귀기로 한 뒤에는 애인을 두고 다른 이성과 영화를 보거나 단둘이 밥을 먹고 술을 마시는 것이 찝찝한 일이 됩니다.

사귀기 전에는 설레고 보고 싶으니까 연락하고 만나고 싶어 했는데, 사귀고 나자 연인이면 하루에 두세 번 이상 연락하고, 일주일에 한 번 이상은 꼭 만나야만 할 것 같다는 부담만 생겼습니다. TV와는 달라도 너무 달랐던 것입니다.

미디어를 통해 생산되는 낭만적인 이야기들은 '사랑이란 이러해야 한다'는 전형을 갖게 합니다. 사람들은 TV에서 본 대로 연애를 상상한다고 합니다. TV, 영화 등에서 연인들은 서로에게 비밀이 없고, 모든 것을 이해하고, 모든 것을 공유하는 이상적인 형태로 그려집니다. 심지어 말을 하지 않아도 서로의 속마음을 알고 이해하기까지 합니다. 물론 이는 전부 미디어에서 그리는 환상입니다. 이와 같은 환상이 적었던 사람은 실망도 적겠지만, 연애하면 사이가 편해지고 더 행복해지고 아무튼 좋을 거라고 생각했던 사람은 기껏 사귀게 되었지만 이상하고 힘들 수밖에 없습니다.

대학 입학 후에 미디어에서 보던 낭만적 대학 생활과 현실이 다르다는 것에 실망해 방황하는 사람이 있는 반면, 바로 포기하고 다음 단계인 취업이나 진학을 준비하는 사람도 있기 마련입니다. 연애도 그렇습니다. 바로 다음 단계로 결혼 준비를 하는 이도 있습니다. 제가 이 경우였는데, 결혼을 목적으로 하는 연애는 덧없었습니다. 사귀는 햇수가 느는 것이 갑갑했습니다. '벌써 3년이나 사귀었는데 언제 결혼하지?', '벌써 5년인데…'라는 것이 입학한지 5년이나 되었는데 졸업 못한 기분이었습니다. 만약 결혼했다면 괜찮았을까요. '결혼을 했으니 몇 년 내에 아이를 낳아야 한다, 아이를 낳아 놓고 몇 세까지 키운 뒤 업무 복귀를 해야 한다, 아이 학자금과 내 노후 자금을 모아야 한다' 같은 끊임없는 목표를 세워가며 목표 상실 증후군을 달래고 있었을지도 모릅니다.

목표 달성의 기쁨을 느낄 줄 몰랐기 때문인 것 같습니다. 좋으면 좋아할 줄도 알고, 잠시 다음을 잊고 그냥 아무 생각 없이 즐길 줄도 알아야 합니다. 사귀게 되었으니 결혼을 한다거나 '다음은?'을 생각하는 것이 아니라 '그냥 지금 이대로가 좋다'라고 생각하고 있으면 뜻밖에 행복해졌습니다. '결혼을 안 할 건데 왜 사귀냐'는 의문에 '그냥 좋아서', '같이 있으면 행복하니까'라는 원론적인 답으로 돌아갈 수 있기 때문입니다.

사랑하는 방식이
다를 수 있다

제각기 생각하는 이상적인 사랑의 형태가 있습니다. 친구 같은 사이가 좋다거나, 좀 더 로맨틱한 사이가 좋다거나, 그런 거요. 학자들의 정리가 아니어도 저마다 생각은 있지만, 학자들의 정리는 좀 더 깔끔히 나눠 볼 수 있는 기준을 제시해 줍니다. 사람들이 사랑을 어떻게 표현하고 경험하는지 연구한 사회학자인 토론토대학교의 존 리(Jone Lee) 교수는 사랑의 유형을 3가지로 나누었습니다. 열정적인 에로스(Eros), 밀당하며 게임 같은 사랑을 하는 루두스(Ludus), 친구 같고 동반자 같은 스트로게(Stroge)입니다.

첫눈에 불꽃 튀는 에로스 유형

에로스(Eros), 뜻은 정확히 몰라도 단어는 참으로 익숙합니다. 뭔가 야릇한 느낌이기도 하고, 잘은 모르겠지만 사랑을 의미하는 것 같습니다. 사랑 유형에서는 에로스를 열정적이고 낭만적 사랑이라고 정의했습니다.

이는 처음 보는 순간 반하고 불꽃이 튀는 사랑입니다. 아무래도 첫눈에 반하거나 처음부터 뭔가가 생기기 때문에 용모가 중요합니다. 첫눈에 꽂히는 외모 특징을 분명히 알고 있습니다. 손가락이 길고 가는 사람이라거나 피부가 하얀 사람이라는 식으로 신체적 특징에 대한 이상형이 뚜렷합니다.

에로스 유형은 애정 행각에서도 적극적입니다. 마음뿐 아니라 몸도 하나가 되고 싶어 하고, 낯간지러운 행동도 서슴지 않습니다. 소위 닭살 돋는 애정 행각, 남 보는 앞에서 염장질 등을 하는 것에 거리낌 없는 유형입니다. 드라마에서 "애기야 가자", "우리 천사" 같은 말을 서슴없이 하고, 남들 보는 앞에서 키스를 하는 데 망설임 없는 이들을 흔히 볼 수 있습니다. 그들은 처음 보는 순간 사랑에 빠져, 오로지 인생의 목표가 사랑인 것처럼 빠져듭니다. 그 순간 온통 그 사람밖에 안 보이기 때문에 상대의 단점에는 콩깍지가 끼고, 사랑을 위해서라면 뭐든 다 할 수 있을 것 같다고 느낍니다.

밀당을 좋아하는 루두스 유형

루두스(Ludus)는 밀고 당기는 식의 게임 같은 유희적 사랑입니다. 유희적 사랑을 하는 사람에게 있어서 정서적 관계란 즐기기 위한 도전이며, 이기기 위한 시합입니다. 유희적 애인에게 있어서 사랑의 약속 같은 것은 서로 간에 금기 사항이며, 그들은 동시에 두 사람 혹은 그보다 더 많은 애인들과 사랑을 나누는 것이 예사입니다. 루두스 유형의 경우 여러 외모를 두루 좋아해 이 사람에게서 저 사람으로 쉽게 옮겨가며, 어느 사람과도 심각한 사랑에 빠지거나 특별히 흥분하지 않습니다. 이성의 외모에 대한 기준치는 가장 낮은 유형이라 할 수 있습니다. 못생기든 매력이 없든 크게 개의치 않습니다. 어차피 어느 순간 즐길 대상일 뿐이기 때문입니다. 자유분방하고 개방적인 연애관을 가지고 있기에, 구속을 싫어하고 프라이버시를 보장받고 싶어 하는 경향이 있습니다.

친구 같은 스트로게 유형

"언제부터 사귀기 시작했어요?"라는 질문에 "글쎄…. 알고 지낸 지는 오래되었고, 사귀기로 한 건…"이라며 연애의 시작에 대해 당사자들도 그다지 신경 쓰지 않으며, 편히 연애하는 이들입니다. 함께 가까이 지내다 보니 서로 편하고 좋고, 취미도 비슷하고, 말을 하지 않아도 저절로 통하고, 서로 감추는 것 없이 털어 놓을 수 있는 그런 사랑을 추구합니다. 스트로게 유형의 사랑은 화끈하고 낭만적이지는 않지만, 사려 깊고 정답게 서로를 진심으로 위합니다. 갈등이 생겨도 서로 양보하고 합리적인 해결을 위해 평화롭게 타협하며, 그것 때문에 사랑에 손상이 생기거나 끝나는 예는 극히 드뭅니다. 스트로게 유형의 경우 장거리 연애를 하거나, 주말 부부로 지내더라도 서로에 대한 동지애가 단단해 큰 어려움이 없다고 합니다.

스스로 느끼기에도 '나는 스트로게 스타일이군', '난 좀 에로스', '난 루두스인 듯'이라고 할 수도 있고, '글쎄. 난 좀 반반인 거 같은데'라는 느낌이 들 수도 있습니다. 이처럼 복합적인 사람들을 위한 2단계 유형이 있습니다.

첫눈의 불꽃 튀는 에로스 + 밀당 하는 루두스
= 강박적이고 몰입적인 마니아 유형

마니아라는 말처럼 완전히 빠져들어 집착하다시피 하는 유형입니다. 상대를 완전히 소유하고, 상대에게 완전히 소유당하고 싶어 합니다. 사랑의 노예가 되어 상대방의 사랑을 확인하는 일로 모든 시간과 정력을 소비할 뿐만 아니라, '버림받지 않을까' 하는 불안으로 항상 마음 졸이며 삽니다. 흔히 말하는 질투심이 많고, 집착과 의존이 심한 유형으로 볼 수 있습니다. "어디야? 영상 통화해 봐"라며 상대를 통제하려고 드는 사람들이 이 유형일 가능성이 큽니다.

자신은 정말 열렬히 사랑하는데 상대방은 자신을 그처럼 사랑하지 않는다고 느끼면 분하고 억울해합니다. 흥분과 절망, 헌신과 질투 등 두 극단을 오갑니다. 마니아적 사랑을 하는 사람은 애인과의 성관계에서도 만족하지 못하는 경향이 있다고 합니다. 그러면서도 연인 관계를 자신이 먼저 끊을 용기는 없어서 대개는 상대편에서 먼저 끊는 것이 일반적 현상입니다. 그 후 결별로 인한 자존심의 상처로부터 회복하는 데 또한 오랜 시간이 걸립니다. 이 유형의 경우 자신의 지나친 소유욕과 질투심이 실패의 원인이라는 것을 어렴풋이 알기는 하나, 그렇다고 솟구치는 집착과 질투를 어찌하지는 못한다고 합니다.

첫눈에 반하는 에로스 + 친구 같은 스트로게 = 이타적인 아가페 유형

이타적 사랑이란 아무 조건 없이 좋아하고 돌보며, 용서하고 베푸는 자기희생적 사랑입니다. 기독교 신앙에서 말하는 무조건적 사랑이나, 불교에서 설파하는 관음보살의 대자대비적 사랑이 이에 속합니다. 이타적 사랑을 하는 사람들은 상대방이 자기에게 큰 심리적 고통을 안겨줄 때에도 너그러운 자비심을 베풀어, 그것은 그 사람이 잘 몰라서 그랬거나 순전히 실수로 혹은 어쩔 수 없는 외부 압력에 의해 그랬을 것이라 해석합니다. "너만 행복하다면 난 괜찮아"라는 희생적이고 숭고한 유형입니다.

밀당 하는 루두스 + 친구 같은 스트로게 = 실용적 논리적인 프래그마 유형

논리적 사랑을 하는 사람들은 현명하게 사랑을 하려는 사람들입니다. '나는 내가 생각하는 남편 및 아버지(혹은 아내 및 어머니)의 조건을 만족시키지 못하는 사람하고는 결코 연애를 하지 않을 것이다'라는 것이 이들의 전형적인 태도입니다. 그들은 자신이 어떤 유형의 상대를 좋아하며 혹은 필요로 하는지도 대개 정확히 알고 있습니다.

"음, 연봉은 어느 정도에요?", "부모님은 뭐 하세요?", "이후에는 뭘 하실 건데요?" 같은 현실적인 질문을 거침없이 하고, 자신이 원하는 조건표에 빗대어 본 뒤에 빠르게 판단을 내리는 유형들입니다. 다소 거래적이고 교환적인 면이 있으며, 사랑이라는 것이 인생에서 가장 중요하다고 보지 않습니다. 루두스 유형처럼 쿨하고 자신의 프라이버시, 자신의 계획 등을 중요시하는 듯 보이지만, 한편으론 심사 관문을 통과해 연인이 되면 합리적인 관계로 스트로게 유형처럼 지내는 경우가 많다고 합니다.

실용적이고 논리적 사랑을 하는 사람도 낭만의 가치를 인정합니다. 지나치게 계산적이지만 않다면, 이 유형의 사람들은 성실하고 책임감 있으며 열심히 노력하는 좋은 배우자가 될 수도 있다고 합니다.

읽어 보면 어떤 유형이 좋고 나쁘다는 느낌이 들 수 있습니다. 하지만 심리 검사, 유형 분류는 선호일 뿐 좋고 나쁨이 없습니다. 다만 잘 맞는 유형들은 있을 수 있습니다. 한쪽은 첫눈에 반하는 에로스 유형인데 다른 한쪽은 확실히 따져보고 실용적으로 접근하는 프래그마 유형이라면, 한쪽은 '심장'에 한쪽은 '머리'에 호소를 하여 삐거덕거릴 가능성이 큽니다. 아낌없이 퍼주는 아가페 유형이 게임하듯 즐기는 루두스 유형을 만나면 상처받지 않을까요?

게임하듯 접근하는 루두스 유형이 나쁜 사람들이 아니라, 그 사람들이 선호하고 좋아하는 사랑이 그 유형일 뿐입니다. '사랑은 모두 아가페 같이 이타적이고 헌신적이어야 한다', '마니아처럼 집착하면 안 된다', 이런 식의 '정답'은 없습니다. 서로 스타일이 다르다는 것을 인식하고, '저 사람은 저런 스타일이고 나는 이런 스타일이라 차이가 있구나'라는 것을 알고 있으면 됩니다.

서울과학기술대학교 박윤주 교수는 테이터마이닝을 통해 남녀 사이에도 차이가 있음을 밝혔습니다. 남자는 여자가 이타적인 아가페적 사랑을 보일 때 몰입 수준이 높게 나타났고, 여자는 여자 본인이 남자를 에로스적으로 사랑하고, 남자가 여자를 마니아적으로 사랑할 때 몰입도가 높았습니다.

유형 해석에 대해 다시 한 번 주의 사항을 말하자면, 한국인들은 시험에 익숙하기 때문에 이런 내용을 보게 되면 뭐가 좋은지 금방 눈치를 채고 '사회적 바람직성'에 따라 응답을 합니다. 자신은 이타적인 아가페 유형이 나왔는데 애인은 바람둥이 같은 루두스 유형이 나왔다면 '혹시 바람피우는 거 아냐?'라며 촉각을 곤두세우지 말고, 오히려 한국의 문화에 비춰 안 좋다 싶은 유형을 솔직히 드러낸 것을 높이 평가해 주는 것이 좋습니다. 그리고 보다 바람직한 방향은 추구하는 바가 다르다는 것을 인정해 주는 것입니다. 수박과 사과처럼 '난 수박 좋아하니까 너도 수박으로 바꿔'라고 할 수는 없습니다. 부딪히는 날이 있으면 '방향이나 색깔이 달라서'라고 생각하고 넘어가면 편안해집니다.

재미로 해 보는 사랑 유형 검사

자신이 '그렇다'고 생각하는 문장 옆에 동그라미 표를 해 주세요.

1	나는 '첫눈에 반한다'는 것이 가능하다고 생각한다.	
2	나는 한참 지난 다음에야 비로소 내가 사랑하고 있음을 알았다.	
3	우리들 사이의 일이 잘 풀리지 않으면 나는 소화가 잘되지 않는다.	
4	현식절이 관점에서 나는 사랑을 고백하기 전에 먼저 나의 장래목표부터 생각해보지 않으면 안된다.	
5	먼저 좋아하는 마음이 얼마동안 있은 다음에 비로소 사랑이 생기게 되는 것이 원칙이다.	
6	애인에게 자신의 태도를 다소 불확실하게 해두는 것이 언제나 좋다.	
7	우리가 처음 키스하거나 볼을 비볐을 때 나는 성기에 뚜렷한 반응(발기, 축축함)이 옴을 느꼈다.	
8	전에 연애 상대였던 사람들 거의 모두와 나는 지금도 좋은 친구관계를 유지하고 있다.	
9	애인을 결정하기 전에 인생설계부터 잘 해두는 것이 좋다.	
10	나는 연애에 실패한 후 너무나 우울해져 자살까지도 생각해 본 적이 있다.	
11	나는 사랑에 빠지면 하도 흥분되어 잠을 이루지 못하는 때가 있다.	
12	애인이 어려운 처지에 빠지면 설사 그가 바보처럼 행동한다 하더라도 힘껏 도와주려고 노력한다.	
13	애인을 고통받게 하기보다는 차라리 내가 받겠다.	
14	연애하는 재미란, 그것을 진행시키면서 동시에 내가 원하는 것을 거기서 얻어내는 재주를 시험해 보는데 있다.	
15	사랑하는 애인이라면, 나에 관하여 모르는 것이 있다 하더라도 그것 때문에 그렇게 속상해하지는 않을 것이다.	
16	비슷한 배경을 가진 사람끼리 사랑하는 것이 가장 좋다.	

17	우리는 만나자마자, 서로가 좋아서 키스를 했다.	
18	애인이 나에게 관심을 보이지 않으면 나는 온몸이 쑤시고 아프다.	
19	애인이 행복하지 않으면, 나도 결코 행복해질 수 없다.	
20	대개 제일 먼저 나의 주의를 끄는 것은 그 사람의 상냥한 외모이다.	
21	최상의 사랑은 오랜 기간의 우정으로부터 싹튼다.	
22	나는 사랑에 빠지면 다른 일에는 도무지 집중하기가 힘들다.	
23	그의 손을 처음 잡았을 때 나는 사랑의 가능성을 감지했다.	
24	나는 어느 사람하고 헤어지고 나면, 그의 좋은 점을 발견하려고 무진 애를 쓴다.	
25	나는 애인이 다른 사람하고 같이 있는 것 같은 생각이 들면, 도저히 견딜 수 없다.	
26	나의 두 애인이 서로 알지 못하도록 교묘하게 꾸민적이 적어도 한번은 있었다.	
27	나는 매우 쉽고 빠르게 사랑했던 관계를 잊어버릴 수 있다.	
28	애인을 결정하는데 한가지 가장 고려해야할 점, 그가 우리 가정을 어떻게 생각하는가 하는 것이다.	
29	사랑에서 가장 좋은 것은, 둘이 함께 살며, 함께 가정을 꾸미고 그리고 함께 아이들을 키우는 일이다.	
30	애인의 소원성취를 위해서라면, 나는 기꺼이 나의 소원을 희생시킬 수 있다.	
31	배우자를 결정하는데 있어서 가장 먼저 고려해야 할 점은, 그가 좋은 부모가 될 수 있겠는가 여부이다.	
32	키스나 포옹이나 성관계는 서둘러서는 안된다. 그것들은 서로 충분히 친밀해지면 자연스럽게 이루어지는 것이다.	
33	나는 매력적인 사람들과 바람 피는 것을 좋아한다.	
34	나와·다른 사람들과 사이에 있었던 일을 애인이 더러 알게 된다면 매우 속상해 할 것이다.	

35	나는 연애를 시작하기 전부터 나의 애인이 될 사람의 모습을 분명히 정해놓고 있었다.	
36	만일 나의 애인이 다른 사람의 아기를 갖고 있다면, 나는 그 아기를 내 자식처럼 키우고 사랑하며 보살펴 줄 것이다.	
37	우리가 언제부터 서로 사랑하게 되었는지 정확히 알 수 없다.	
38	나는 결혼하고 싶지 않은 사람하고는 진정한 사랑을 할 수 없을 것 같다.	
39	나는 별로 같은 것은 하고 싶지 않지만 나의 애인이 다른 사람에게 관심을 가진다면 참을 수 없을 것 같다.	
40	나의 애인에게 방해가 된다면, 차라리 내가 그만 두겠다.	
41	나는 애인의 것과 똑같은 옷, 모자, 자전거, 자동차 등을 갖고 싶다.	
42	나는 연애하고 싶지 않은 사람하고는 데이트도 하고 싶지 않다.	
43	우리들의 사랑이 끝났다고 생각될 때도, 그를 다시 보면 옛날 감정이 되살아나는 때가 적어도 한 번쯤은 있었다.	
44	내가 가지고 있는 것은 무엇이든지 나의 애인이 마음대로 써도 좋다.	
45	애인이 잠시라도 나에게 무심해지면, 나는 그의 관심을 되 끌기 위하여 때로는 정말 바보 같은 짓도 할때가 있다.	
46	깊이 사귀고 싶지는 않더라도, 어떤 상대가 나의 데이트 신청에 응하는지를 시험해 보는 것도 재미있을 것이다.	
47	상대를 택할 때 고려해야 할 한가지 중요한 점은, 그가 자신의 직업을 어떻게 생각하는가 하는 것이다.	
48	애인과 만나거나 전화한지 한참 되었는데도 아무 소식이 없다면, 그에게 그럴만한 이유가 있기 때문일 것이다.	
49	나는 누구와 깊게 사귀기 전에, 우리가 아기를 가지게 될 경우 그쪽의 유전적 배경이 우리와 잘 맞는지부터 먼저 생각해 본다.	
50	가장 좋은 연애관계란 가장 오래 지속되는 관계이다.	

앞에서 '그렇다'라고 체크한 문항 번호를 아래에 동그라미 쳐 주세요. 세로줄 별로 그렇다고 체크한 문항의 개수를 셉니다. 체크한 문항의 개수를 전체 문항 수로 나누어 백분율을 구합니다. 예를 들어 8번, 21번에 그렇다고 응답했다면 첫 번째 줄은 합계 2이고, 2를 8로 나눈 값이 백분율로 25%가 됩니다. 세로줄 별로 계산해 본 후, 가장 백분율이 높은 것이 나의 사랑의 유형입니다. 간혹 두 가지 유형의 점수가 높게 나올 수도 있습니다. 그 경우는 두 유형의 특성을 다 가지고 있다고 보시면 됩니다.

2	12	4	3	1	6
5	13	9	10	7	14
8	19	16	11	17	15
21	24	28	18	20	26
29	30	31	22	23	27
32	36	38	25	35	33
37	40	42	39	41	34
50	44	47	43		46
	48	49	45		
합계( )	합계( )	합계( )	합계( )	합계( )	합계( )
/8=	/9=	/9=	/9=	/7=	/8=
백분율( )	백분율( )	백분율( )	백분율( )	백분율( )	백분율( )
▼	▼	▼	▼	▼	▼
스트로게	아가페	프래그마	루두스	에로스	매니아

* 사랑의 유형 검사 출처
Lasswell-Hatkoff Love Scale Questionnaire(Lasswell & Lobsenz, 1980)

허무한 말다툼?!
상대를 깊이 알아가는 과정

연애하면서 가장 놀란 것은 제가 평생 싸울 만큼 다 싸운 느낌이 들었다는 것입니다. 그보다 초등학생도 안 할 것 같은 말다툼을 수시로 할 때 자괴감이 느껴졌습니다. '네가 그랬잖아'라며 말꼬리 잡고 싸우는 것은 초딩 때나 할 일이라고 생각했는데 서른이 다 되어서 그리고 서른이 넘어서도 그러고 있었습니다. 오직 남자 친구에게만.

"지난번엔 그렇게 말했잖아. 아니야?"

"너야말로 네 입으로 이렇게 말했잖아. 왜 말 바꿔? 왜 거짓말해?"

"뭐? 거짓말? 내가 언제? 난 분명 이렇게 말했잖아. 그때 너는 이렇게 대답했고."

각자의 기억과 해석에 의존한 내용을 가지고 서로 자기 기억이 맞다고 우기니 답이 없습니다. 영국 드라마 〈블랙미러〉의 '그레인'이라는 장치가 있었으면 좋겠다는 생각이 들 지경이었습니다. 그레인은 귀 뒤에 심는 저장 장치로, 그 사람이 봤던 모든 것을 다 저장해서 언제든 돌려볼 수 있습니다. 드라마에서 주인공은 '아까 네 표정을 봐봐'라면서 자신의 그레인을 돌려 부인이 다른 남자를 쳐다봤을 때의 표정을 보여주고, 그 남자의 말에 리액션을 해 준 장면을 보여주며 뭔가 이상하다고 따집니다. 부인도 참지 않고 자신의 그레인을 돌려서 당신도 아까부터 이상했다고, 내 말에 이런 식으로 대꾸하지 않았냐며 따집니다. 드라마는 모든 것을 기억하고 되돌려 볼 수 있다는 것의 불행을 경고하는 메시지를 주며 끝이 났습니다. 하지만 서로 "내가 분명히 말했잖아!", "언제?"라거나 "내가 이렇게 말했잖아", "아냐, 분명히 넌 이렇게 말했어!"라면서 싸우노라면, 정말 마음이 답답해지곤 했습니다.

연인 간의 말다툼이 피곤한 이유는 종종 말 속에 담은 마음도 잘못 전달되기 때문입니다. 이걸 나이 먹은 친구 사이처럼(웬만하면 싫은 소리 안 하고 그냥 넘기는) 넘어가면 좀 나을까요. 글쎄요. '평생'을 암묵적으로 가정하는 연애 관계에서 앞으로도 계속 이런 문제가 생길 것 같다는 상상만으로도 끔찍합니다. 유치한 말다툼을 수시로 하는 이유이기도 합니다. 지금 이 순간은 참아 주거나 넘어가 줄 수 있지만, 연인은 친구처럼 안 맞거나 피곤하다고 슬며시 멀어질 수 있는 사람이 아니기 때문입니다. 결국 참다가 폭발

하거나 다음에도 똑같은 이유로 또 문제가 될 것입니다. 그러느니 지금 터트려서 풀고 넘어가자며 아이처럼 다툽니다.

놀라운 것은 어느 정도 시간이 지나면 안 그럴 것 같은데, 40대에도, 50대에도, 60살이 넘어서도 그렇습니다. 노년이 되어도 남녀 사이에는 유치한 말다툼이 끊이지 않습니다. 인간의 머릿속에 있는 전제가 다르기 때문입니다.

예를 들어 '해외여행', 딱 이 한 단어를 던졌을 때 사람늘은 서바다 다른 것을 생각합니다. 나는 해외여행이라고 하면 비행기와 보라카이 해변 같은 휴양지를 떠올리는데, 누군가는 해외여행에 캐리어와 여권을 떠올리기도 하고, 누군가는 유럽의 거리를 떠올리고, 누군가는 일본의 아기자기한 거리를 떠올립니다. '해외여행'이라는 단어뿐 아니라 거의 모든 것에서 생각의 틀이 다릅니다.

'정리'가 누군가에게는 보기 좋게 놓는 일인가 하면, 누군가에게는 안 보이게 치워 버리는 일인 것처럼 사귄다고, 사랑한다고 머릿속의 기본 전제들이 똑같아지는 것은 아닙니다. 그렇기에 같은 말을 서로 다른 의미로 사용하고, 다툽니다. 비평을 할 때는 '상대의 숨은 전제를 부숴라'라고 합니다. 상대방이 암묵적으로 가정하면서 쌓아올린 논리를 깨부수면(?) 비평이 쉬워진다고 합니다. 하지만 연인 사이에는 서로의 논리 다툼을 하는 것도 아니고, 그냥 너의 전제와 나의 전제는 많은 순간에 다를 수밖에 없다는 것을 수시로 재확인하는 과정입니다.

의기양양 '정리라는 것은 모름지기 보기 좋게 놓는 것이지 안 보이게 치워 버리는 게 아닌데, 넌 이상하다'라고 결론을 내린다고 해서 이기는 것도 아닙니다. 말다툼을 할 때마다 또 다른 전제 하나를 찾아내서 충돌하며, 하나 더 맞춰 가는 과정이라 생각하는 쪽이 편합니다. 말다툼하고 토론하고 티격태격하는 과정에서, '아, 인간이 이렇게 다를 수 있구나'를 실감하며, 상대에 대해 하나 더 알게 된 것이니까요. 저 사람과 다퉈 보지 않은 사람은 절대로 모를 사실 하나를 더 알게 된 것입니다.

흔히 말하는 '나이스하게' 잘 지내는 사람과는 서로에 대해 잘 안다는 느낌이 들지 않을 때가 있습니다. 인상 구길 일 없이 기분 좋게 잘 지낸 대신에 충돌한 적이 없기 때문에 '그냥 그 사람은 잘 맞춰줘'라고 기억할 뿐, 그 사람이 정말 좋아하는 것이나 진짜로 생각하는 것, 싸우면서도 물러서지 않는 것이 무엇인지는 잘 모릅니다. 상대도 마찬가지일 것입니다. 이와 반대로 다투고 충돌한 적이 있는 경우, 그 사람 속의 단단한 무언가를 알게 됩니다. 더럽게 유치한 말다툼을 통해 우리는 서로의 숨겨진 단단한 똥고집 혹은 숨은 전제 하나를 더 아는 사이가 됩니다. 일을 같이 하는 사이, 서로 인상을 관리해야 하는 사이에서는 절대 모를 비밀 하나를 더 알게 된 것입니다.

이기적인 것이 아니라
인지 용량이 다를 뿐

"내가 얘기했잖아…."

짜증이 듬뿍 담긴 목소리로 이를 살짝 악물며 대답했습니다. 한 두 번 말한 것도 아니고, 바보도 아니면서, 왜 내가 말한 것은 기억을 못할까요. 내 말을 귓등으로 듣는 걸까요?

수다 떨면서 흘러가는 이야기를 기억 못하는 것은 이해할 수 있습니다. 하지만 나에 대한 이야기는 귀담아 들어야 한다고 생각했습니다. 우리는 사귀는 사이가 아닌가요. 오래 사귄 사이라면 같은 이야기를 수차례 반복할 때도 많은데, 수없이 듣고도 처음 듣는 것처럼 반응할 때면 화가 났습니다. 가끔 '이 남자는 나에 대해 기억하는 것이 없는 것은 아닌가?' 하는 의심도 들었습니다.

헤어질 무렵 마지막으로 제가 물은 질문은 "내가 뭘 좋아하는지 알긴 아니?"였습니다. 그의 대답은 "귤". 그때는 겨울이었고, 근처에 귤박스가 보였고, 제가 귤을 좋아하기는 합니다. 하지만 붙어 다닌 기간에 비하면 맥 빠지는 대답이 아닐 수 없습니다. 내가 좋아하는 것들이 얼마나 많은데, 달랑 귤이라니…. 하지만 그 질문을 할 때 저는 아무런 기대가 없었습니다. '이 인간은 나에 대해 아무것도 몰라'라고 생각하고 있었기 때문에 '귤'이라는 대답만으로도 꽤 놀라웠습니다. 최소한 귤을 좋아하는 것은 알았나봅니다.

그 사람과 헤어진 뒤 저는 꽤 오랜 기간 남자의 기억력 테스트에 열을 올렸습니다. 나에 대해 얼마나 관심을 가지고 기억하는가를 관심의 척도로 보았던 것입니다. 대부분 처음 작업을 걸 때 엄청난 기억력을 보이지만, 그것도 꽤나 선택적이었습니다. 내가 하는 여러 얘기보다 내게 호피무늬 팬티가 있다는 것을 더 잘 기억하는 것 같았습니다. "그때 밥 먹을 때, 의자에 앉으니까 속옷이 보이더라고. 호피무늬에 깜짝 놀랐지. 흐흐흐"라며.

내가 기억해 주길 바라는 것에 대해 기억해 주는 사람을 만나는 것은 쉽지 않았습니다. 그 뒤로도 '기억에 관한 기대'는 수없이 저를 괴롭혔습니다. 연인뿐 아니라 친구 사이에서도요.

"드디어 내가 처음으로 가야금 연주회를 해. 다다음주 금, 토, 일 중에 나는 금요일, 일요일에 연주"라고 말하자 친구는 "그렇구나, 축하해. 시간되면 가볼게"라고 했습니다. 하지만 이내 까먹었습니다. 뭘 한다고 하니까 예의상 한 말일 뿐 한 귀로 듣고 흘렸던 것입니다. 그러다 보니 다음에 또 다시 연주회 이야기를 꺼내면 기억을 더듬는 것이 보였습니다.

"아, 맞다. 연주회 한다고 했었지?"

깜빡한 것입니다. 그나마 떠올릴 수 있으면 다행이나, 정말 까맣게 잊고 처음 듣는 듯한 경우도 있었습니다. 실망한 기색을 보이면, 요즘 정신이 너무 없어서 그런다며 미안해하며 그 상황은 지나갑니다. 상황은 지나지만 상처는 남습니다. 나한테는 중요해도 그 사람에게는 아닐 수 있으니 잊어버릴 수 있습니다. 하지만 내가 한 말들을 기억 못하는 것은 그만큼 관심이 없기 때문이라고 생각했습니다.

저의 서운함을 정당화하기 위해서 오히려 저는 다른 사람에 대해 잘 기억하려고 애를 썼습니다. 나는 기억하는데 상대가 기억을 못하면 당당히 서운하다고 말할 수 있으니까요. 나는 분명 옛 남친이 스머프 취향이라는 것을 기억했습니다. 스머프처럼 파란 옷만 입었기 때문입니다. 그에게 다른 색의 옷도 입어 보길 권했습니다. 그가 한국 영화만 본다는 것도 기억합니다. 그리고 가야금 공연을 까먹은 친구에 대해서는 맛있는 음식을 먹으러 다니는 것을 좋아한다는 것, 소탈한 성격이라는 것, 자신은 잘 꾸미지만 타인의 스타일에 대해 이러쿵저러쿵하지 않는다는 것을 알고 있습니다.

하지만 과연 제가 기억하는 것이 그 사람을 위한 것일까요? 아니었습니다. 내가 관여되어 있기 때문에 기억했을 뿐입니다. '내

덕분에' 누군가의 패션 센스가 좋아졌다는 것은 나에게 꽤 자랑스러운 일이기에 기억하는 것입니다. 영화를 같이 봐야 하는데, 볼만한 영화 중에 외국 영화는 빼야 했기 때문에 기억할 뿐입니다. 그밖에 나와 직접적 관련이 없는 것들은 기억이 잘 나지 않습니다.

이처럼 사람은 자기와 관련이 높은 고관여(high-involvement) 정보만 기억을 합니다. 자기 관여가 낮은 저관여(low-involvement) 정보는 기억을 잘 못하거나 기억해도 특별한 단서가 없는 한 떠올리지 못합니다. 관여도란 개인이 느끼기에 중요하다거나 자신과 관련이 있다고 지각하는 정도를 말합니다. 자신이 많이 관여되어 있다고 느끼는 것은 고관여, 그렇지 않은 것은 저관여입니다.

고관여 정보와 저관여 정보는 머릿속에서 처리되는 경로도 다릅니다. 고관여 정보는 심사숙고하는 과정을 거치지만, 저관여 정보는 대충 처리합니다. 처리하는 과정이 다르면 반응과 기억도 달라질 수밖에 없습니다. 간편 처리를 하면 반응도 형식적인 반응을 하나, 숙고 처리를 하면 신중하게 반응합니다. 대충 간편 처리하고 넘긴 일은 기억에 남지 않고, 숙고 처리한 일은 기억에 오래 남습니다.

이와 같은 인간의 특성을 무시한 채 내가 한 말을 당연히 기억하고 있을 거라고 가정하고 살면, 수시로 상처받고 짜증이 날 뿐입니다. 반대로 나에 대해 기억 못할 거라고 가정하면 화날 일이 줄어듭니다. 또 다른 장점은 '지난번에 기억했어도 잊어버릴 수 있다'라고 가정하면, 어쩌다 기억하고 있다는 사실을 알았을 때

사소한 것에도 기쁩니다. 내 이름을 기억 못할 줄 알았는데 이름을 안다거나, 내가 사는 곳을 기억 못할 줄 알았는데 "연신내 사신다고 했죠?"라고 하면 별것도 아닌데 기분이 좋아지는 것입니다.

이는 연애에도 똑같이 적용됩니다. 연인이라도 고관여 정보만 제대로 기억하고, 저관여 정보는 기억 못하는 '사람'이라는 것은 똑같기 때문입니다.

이쯤에서 아주 슬픈 연구 결과 한 가지를 공개해야겠습니다. 학문별 기조가 상당히 다른데, 성글게 교육학과 심리학을 비교하자면 교육학은 모든 사람은 가르쳐서 달라질 수 있다고 믿는 입장입니다. 반면 심리학은 사람은 타고난 인성이나 재능이라는 것이 있고 그것을 알아내 육성하는 것이 낫다는 입장입니다. 특히 '산업 및조직심리학'에서는 모든 사람을 육성하고자 하는 입장이 아니라 '적재적소'라는 것이 있다고 봅니다. 그래서 애초에 조직에서 사람을 뽑을 때 잘 뽑아야 하고, 지원자 역시 자기에게 잘 맞는 곳에 가는 게 좋고, 사람을 뽑았으면 그 사람이 능력을 발휘할 수 있는 곳에 배치해 조직적으로 도와주고 서로 좋은 결과를 내는 것이 좋다고 보는 것입니다.

이론적으로는 참으로 이상적인 이 내용이 문제가 되곤 합니다. 대부분의 대학 입시, 회사 입사 시험 등에서는 인지 능력 평가가 들어가는데, 여기에서 흔히 지능(Intelligence Quality, IQ)이라고 하는 것이 들어가기 때문입니다. 한국처럼 평균 지능 자체가 우월한 나라에서는 정답 한두 개 차이로 당락이 결정되는 것이 문제가 되기도 하나, 미국처럼 인종이 다양한 국가에서는 인종별 지능 차이가 나는 것이 큰 문제가 됩니다. 지능 검사 기준으로 선발을 하면 아시아인들이 성적이 좋고, 백인, 히스패닉, 흑인 순으로 나타나기 때문에 상대적으로 히스패닉, 흑인들은 직업을 얻기 힘들고 입사 시험에서 불이익을 받는다고 느낄 수 있기 때문입니다. 히스패닉, 흑인의 지능이 낮다는 말이 아닙니다. 단지 검사에 익숙하지 않은 것일 뿐입니다. 그래서 미국에서는 이러한 타고난 지능의 영향이 최대한 적게끔 열심히 설계를 한다고 합니다.

그럼에도 불구하고 지능에 대해 연구를 하면 할수록 지능은 공부 머리, 일 머리뿐 아니라 연애하고 결혼하는 것, 사랑하는 사람과 관계를 잘 유지하는 것까지 영향을 미친다는 무서운 결과가 나와 버렸습니다. 쉽게 말해 머리 좋은 사람이 연애도 잘하고 결혼도 잘한다는 것입니다. 연애와 결혼을 마음의 어딘가에서 관장하는 일이라고 믿던 이들에게는 굉장히 충격적인 연구 결과가 아닐 수 없습니다. 왜 이런 일이 벌어졌을까요?

추론하기에는 인지 용량 차이 때문이라고 생각됩니다. 컴퓨터를 살 때 하드 용량이 128GB냐, 256GB냐, 램이 2GB냐 8GB냐 하는 것들을 따집니다. 용량이 클수록 처리 속도가 빠르고 저장할 수 있는 양이 많습니다. 용량이 딸리는 것들은 처리가 더딥니다. 프로그램을 여러 개 동시에 띄웠다가는 멈춰 버리는 경우도 있습니다. 사람도 이와 비슷합니다. 사람마다 머릿속에서 처리할 수 있는 양의 차이가 있습니다. 어떤 사람은 동시에 여러 가지를 생각할 수 있고, 어떤 사람은 한 가지 생각을 하기에도 바쁩니다.

극단적인 예로, 입장 바꿔놓고 생각해 보라는 역지사지 상황을 봅시다. 역지사지가 가능하려면 먼저 상황을 파악해야 하고, 다음으로 그 상황에 대한 자신의 입장, 자신의 감정, 자신이 진짜로 원하는 것 등을 생각한 다음에 상대방의 입장, 감정, 상대방이 원하는 것까지 생각을 해야 합니다. 순식간에 생각할 것이 무려 7개나 됩니다. 어떤 사람은 이 7개를 생각하고도 인지 용량이 여유가 있어서, 자신과 상대방 외의 제3자 입장, 앞으로의 상황까지 생각할 수도 있습니다.

하지만 어떤 사람은 인지 용량이 부족해서 상황 파악조차 힘들 수도 있고, 상황에 대한 자신의 입장과 감정을 생각하기에 바빠 진짜로 원하는 것이 무엇인가까지는 생각조차 못할 수도 있습니다. 여기에서 이미 인지 용량을 다 썼기에 상대방의 입장이나 감정, 원하는 것까지 생각해볼 여력이 없는 것입니다.

단순히 못되 먹어서 자기 입장만 알고, 상대 입장은 생각 안 하는 것이 아니라 인지 용량이 딸려서, 자기 생각하기에도 바쁜 경우가 분명히 있습니다. 우리가 가지고 있는 인간에 대한 긍정적인 시각 때문에 우리는 인간이라면 자기 외에 남도 생각할 수 있다고 믿습니다. 하지만 타고난 인지 용량 문제 때문에 그렇게 여러 사람에 대해 생각할 수 없는 경우도 많습니다.

당장 인지 용량이 부족하면 싸울 때 자신이 섭섭한 것까지만 생각할 뿐 '왜 애인이 그랬을까'까지는 생각을 못할 수도 있습니다.

결혼 후라면 '자신이 아내를 챙겼을 때 엄마가 왜 섭섭해하는지' 또는 '엄마는 좋은 뜻으로 그랬는데 아내가 왜 섭섭해하는지'까지 생각할 공간이 없을 수도 있습니다. 분명히 나쁜 사람은 아닐 터이나 인지 용량은 넉넉하지 않은 사람인 것입니다.

일심동체는 개뿔,
이심이체로

연애를 하다 보면, 어느 순간 '나'라는 사람이 없어지는 기분이 들 때가 있습니다. 솔로일 때는 분명히 한 명의 주체로 인정을 받은 것 같은데, 연애를 함으로써 부속품이 되는 느낌이 들 때면 마음이 편치 않습니다. 여자들의 푸념 중 하나가 결혼 전에는 ○ ○ ○ 씨라는 이름이 있었는데, 결혼하고는 누구의 와이프, 누구의 엄마라는 것만 남았을 뿐 '나'가 없어지는 것 같다는 것입니다. 결혼까지 가지 않더라도 연애 과정에서 이미 내 이름은 사라지고 '○ ○ 이 애인' 정도의 정체성이 되어버리며, 자신의 정체성은 점점 희미해지는 기분이 들 때가 있습니다.

이처럼 나와 연인의 정체성이 불분명한 것은 건강한 관계가 아니라 왜곡된 관계이기 때문일 가능성이 높습니다. 각자의 정체성이 얼마나 살아 있는지를 단계별로 나누어 안개형, 난장이형, 껍질형, 산만형, 군림형으로 구분합니다.

안개형은 연애를 하면서 자기가 사라지는 사람입니다. 자기에 대해 긍정적으로 보지 못하거나, 자기만의 색이 뚜렷하지 않은 경우 연애를 하면서 연인에게 숨어 버리는 방어 기제를 씁니다. 연애하면서 자기 자신의 색은 없이 상대에게 완전히 맞추면서 행복을 느끼기도 합니다.

난장이형은 자기를 조금씩 구별은 하지만 자신을 평가절하하는 방어 기제를 씁니다. 자신은 낮추고 상대에게 맞추려고 하는 것입니다. 이런 연인 관계가 지속되면 자신이 너무 낮아져 억울한 감정이 들 수도 있습니다. 안개형과 비슷한 특징을 가지고 있기는 하나, 안개형이 자신이 전혀 없이 안개처럼 스며도 행복하다 생각하는데 반해 난장이형은 무조건적으로 상대방을 위해 희생하기에는 억울하다는 감정이 많이 들어가 있습니다. 이는 난장이형의 관계적 자아가 완전히 상대에게 소속되고자 하는 것이 아니라, 자신의 관계적 자아를 성장시키고자 하는 욕구는 가지고 있으나 상대의 강한 자아에 눌려 그러지 못하기 때문입니다.

껍질형은 껍질 속에 숨듯이 자신의 진짜 모습을 감추는 것입니다. 나와 타인이 다르다는 것을 인식해도 자기에 대해 몹시 불안해하는 사람은 여러 방어 기제를 쓰는데, 그 중 하나가 다른 사람에게 자기 진짜 모습을 보여주지 않으며 고립하는 관계입니다. 연애를 해도 속마음을 보여주지 않으려고 하고 어느 정도 거리를 유지하려고 합니다. 좋으면서도 밀쳐내는 거부형 애착을 형성하는 사람들이 껍질형의 모습을 자주 보입니다.

산만형은 관계의 불안감 때문에 여러 사람을 만나면서 자기애도 충족하고 관계 욕구를 채우는 스타일입니다. 쉽게 바람둥이를 떠올릴 수 있는데, 산만형을 보이는 사람이 정말 사랑하는 사람을 만나면 군림형으로 변하는 경우가 잦다는 연구 결과도 있습니다.

군림형은 자기를 지키고자 하는 마음과 거절에 대한 두려움 때문에 애인을 착취하면서 자기의 관계 욕구를 채우는 스타일입니다. 산만형도 자기를 지키기 위해 다른 사람들을 이용한다는 점에서는 비슷하나, 산만형은 여러 사람에게 영향력을 행사하고자 드는데 반해 군림형은 한 명에게 영향력을 행사하려고 든다는 점에 차이가 있습니다.

경일대학교 심리치료학과 정여주 교수, 교육상담을 전공한 두경희 박사와 서울대학교 김창대 교수의 연구에 따르면 보통은 남자들에게서 안개형과 난장이형이 많이 나타난다고 합니다. 여자들에게서는 산만형과 군림형이 많이 나타났습니다. 흔히 남자가 다 맞춰 주고, 여자는 남자가 자기를 맞춰 주기를 바라는 풍토 때문일 수도 있습니다. 중요한 것은 어떤 유형도 건강한 연애 관계는 아니라는 점입니다. 계속 자기 자신을 없애거나 감춘 채로 상대에게 맞추다 보면 폭발하기 마련입니다. 상대에게 맞추며 억울해하는 난장이형의 경우, 억눌린 감정이 참다 참다 터지면 군림형으로 변하거나, 껍질형이나 산만형처럼 쿨한 연애를 하는 방향으로 갈 수도 있습니다. 남에게 맞춰 주다 터지면 되레 남을 억누르는 사람이 되기도 하는 것입니다. 우리는 연애를 하든 결혼을 하든 두 사람입니다. 한 명의 자아가 소멸되는 일이 있어서는 안됩니다.

흔히 부부를 일심동체라고들 하고, 연애하거나 결혼하면 한마음 한 뜻이어야 한다고 합니다. 이로 인해 위와 같이 자아가 이상하게 충돌하는 상황도 일어나고, 무조건 같은 결론을 내야 될 것 같은 착각도 합니다. 이것은 연애의 오류 중 최악의 오류입니다. 사람은 늘 입장 차이가 있습니다.

일심동체는 개뿔. 우리는 이심이체입니다. 아마도 살면서 단 한 순간도 똑같은 입장, 똑같은 마음일 수는 없을 것입니다. 방향이 비슷할 수는 있어도요.

PART 4

연애는 지극히 현실이다

힘들 때나 좋을 때나?
힘들 때는 다 힘들다

다시 하는 연애는 더 잘해 보고 싶었습니다. 싸우지 않고 행복하게요. 하지만 다시 연애를 하고, 이 사람은 정말 사랑한다 했어도 어느 순간이면 관계가 아슬아슬한 기로에 서 있기도 했습니다. 사랑해서 결혼까지 하고도 이혼을 하게 되는데, 사귀다가 헤어지는 정도는 흔하디흔한 일이었습니다. 잘 맞았고 사랑했던 사람과 멀어지는 건 왜일까요? 흔히 말하듯 콩깍지가 벗겨졌을 뿐일까요?

갈라선 친구, 헤어진 친구 등 제가 누군가와 헤어질 때를 보니 둘만의 문제는 아닐 때가 대부분이었습니다. 헤어질 당시에는 인지하지 못했어도, 지나고 보면 헤어질 때 돈 때문에 스트레스 받았거나, 몸이 안 좋아 날카로워져 있었거나 뭔가 마음이 제 상태가 아니었을 때가 많았습니다. 돈, 건강, 그 밖의 문제로 힘들 때면 서로 맞출 여력이 없고, 좋은 상황에서는 넘어갔을 일도 못 넘어갔던 것입니다.

돈

돈 문제에서 절대적인 영향을 미치는 것은 '심리적 빈곤'입니다. '심리적'이라는 말이 단어 앞에 붙으면, 절대적 수치 혹은 객관적 수치와 상관없이 그 사람이 느끼는 주관적인 것을 뜻하게 됩니다. 여기서 큰 문제가 되는 것이 이것은 절대적으로 개인의 '지각'에 바탕을 두고 있기 때문에 온갖 객관적 증거를 제시해도 소용없다는 점입니다.

남이 볼 때는 여유로울 것 같아도 자신 스스로 돈에 쪼들린다고 '느끼면' 스트레스가 심해집니다. 돈이 넉넉하다 싶을 때는 편의점에 새로 나온 2,500원짜리 커피 하나 사 먹어 보는 것쯤 아무것도 아닌데, 돈이 궁하다고 느낄 때는 1,000원짜리 하나도 집었다 놓았다 하며 망설이게 됩니다. 이러니 데이트는 물론이요, 만남 자체가 부담스럽습니다.

드라마에는 가난한 친구들이 밝고 열정적인 반면, 부자인 친구들이 꼬인 심성으로 나오곤 합니다. 하지만 현실에서는 부유하게 자란 친구들이 구김이 적은 경우가 많았습니다. 그 친구들은 번갈아 가면서 내거나, 상대방이 내는 것에 대해 자격지심이라는 것을 느끼지 않습니다. 그냥 다음에 자신이 내면 되니까요.

사람마다 지각하는 금전적 부담이 다릅니다. 용돈에 쪼들리던 시절에는 학교 식당의 2,500원짜리 밥 한 끼 얻어먹는 것도 부담이었습니다. 내가 사줄 수 없었기 때문입니다. 하지만 직장인들은 2,500원짜리 밥 한 끼 상대가 산다고 해서 마음의 짐이라 느끼지는 않을 것입니다. 언제든 다시 사 주면 되니까요. 하지만 상대방이 1인분에 10만 원짜리 호텔 코스 요리 같은 것을 산다면 이야기가 달라지겠지요.

'심리적 빈곤'을 느끼는 상태일 때의 가장 큰 문제점이 호의를 호의로 받아들이지 못한다는 것, 자격지심에 휩싸여 있다는 점입니다. 반드시 만나야만 되는 상황이 아니면 친구나 지인은 만나는 것을 피할 수 있기에 다행이나, 연인은 이런 상태일 때 피할 수가 없습니다.

건강

몸이 피곤하면 똑같은 말도 짜증스럽게 들립니다. "왜 또 그래?"라며 짜증을 내기 전에 3초만 돌아보면, 생리 기간 또는 배란기일 때가 많습니다. 아랫배가 사르륵 아프고 짜증이 솟구쳤던 것입니다. 이런 날 싸우면 크게 싸웁니다. 나는 물러설 생각이 없고, 상대는 내가 생리 직전인지, 이유 없는 신경질인지 알 길이 없습니다. 확 짜증을 부리며 날카롭게 구니, 갑자기 왜 저러나 싶어 난데없이 봉변당한 기분일 것입니다.

생리통만의 문제는 아닙니다. 많은 이들의 고질병인 어깨, 허리 통증이 심해지면 자신도 모르게 짜증을 냅니다. 몸이 안 좋으니 만사가 귀찮고 예민해지는 것입니다. 만성 통증, 만성 피로는 계속해서 심해질 뿐 나아지지 않는다는 것도 문제입니다. 처음에는 연인이 아프다고 하니 "어디 아파? 약 사다줄까?"라거나 "아프니까 쉬어"라며 챙겨줄 수 있는데, 매일, 길게는 몇 달간 지속적으로 아프다고 하니 처음처럼 다정히 챙겨줄 수가 없습니다. 긴 병에 효자 없듯, 만성적 건강 문제에 애인도 지칩니다. 아픈 사람 입장에서는 애인도 지칠 거라고 배려할 여유가 없기에, '나 아픈데 챙겨주지도 않고…'라며 서러운 마음이 들고, 사소하기 짝이 없는 것들에 삐치고 다투기 쉽습니다.

엇갈리는 사이클

이처럼 함께 하노라면 저마다 부침이 있습니다. 잘 풀릴 때가 있는가 하면 안 풀릴 때가 있습니다. 그 사이클이 비슷해도 괴롭고, 달라도 괴롭습니다. 특히 한쪽은 아주 잘 풀리는데, 다른 한쪽은 일이 꼬이면 자격지심이 다시 출동합니다.

대표적인 사례가 '여자의 유리 천장은 다름 아닌 남편이다' 아닐까 싶습니다. 사회적으로 여자의 승진 기회나 승진 한도가 정해져 있는 것은 물론 남편의 훼방 또한 심각하다는 것입니다. 어처구니없게도 너무나 가까운 사이라서 사회적 비교가 심해지기 때문입니다.

어릴 적 만난 커플이 부부까지 되기 힘든 이유가 이 때문인 경우가 많습니다. 고등학교 때 만났는데 한 명은 좋은 대학에 가고

한 명은 재수를 하면 한쪽이 자격지심을 느끼기 쉽고, 취업 준비할 때 만나던 커플 중 한 명만 취업이 되도 취업을 못한 쪽에서 자격지심을 느낍니다. 보통은 비슷해서 결혼을 하기에, 결혼 후 한쪽만 실직을 하고 한쪽은 승진을 하고 쭉쭉 잘 나가면 자격지심이 출동합니다. 물론 연인이 잘 되는 것에 진심으로 기쁠 때도 많습니다. 자신에게 직접적으로 영향을 미치지 않고, 도움이 되면 괜찮습니다.

반사 영광 챙기기(basking in reflected glory, BIRGing)라는 말이 있습니다. 내가 한 일은 아니지만 슬쩍 숟가락을 얻는 것입니다. 친구가 성공한 일을 자랑하며 잘나가는 친구가 있음을 나의 강점으로 홍보하거나, 자신도 성공에 일부 기여한 것처럼 이야기를 합니다. 부부 사이에서도 반사 영광 챙기기 사례를 찾아볼 수 있습니다. 남편은 갑을병정의 정쯤 되는 대행사에서 일하고, 아내는 잘 나가는 변호사인 것을 반사 영광 챙기기로 접근해 '나는 이래도 아내는 변호사야'라고 하면 본인은 행복합니다. 하지만 사회적 비교를 하면서 '아내는 돈을 잘 버는데 나는 이게 뭐지? 아내는 고작 한 시간 일하고 저 정도 버는데 나는…'이라고 생각하면 문제가 생깁니다. 아내가 승진하면 알게 모르게 시샘하고, 보너스 많이 받았다고 해도 '너는 좋겠다, 말 몇 마디하고 돈 많이 벌어서'라며 비아냥대며, 앞서 언급한 '여자의 유리 천장은 남편' 같이 굴 수 있습니다.

이처럼 반응이 달라지는 것은 스스로에 대한 긍정적인 자기 평가를 유지하고 싶기 때문입니다. 이를 자기 평가 유지 모형(self-evaluation maintenance model, SEM)이라 합니다. 사람들이 스스로에 대한 긍정적 자기 평가를 유지하려는 동기를 가지고 있기 때문에 자신이 직접적으로 비교가 되는지 안 되는지에 따라 반응이 달라지는 것입니다.

자격지심이 나타나는 또 다른 이유는 지금껏 당연시해 왔던 전제가 변하기 때문입니다. "보통은 그러지 않나?" 같은 말, 흔히 많이 합니다. 여기에서 '보통'이라는 것은 사람 수만큼이나 다양한 뜻을 가집니다. 내가 직장인일 때 보통은 나와 비슷한 업종의 비슷한 연봉을 받고 비슷한 생활을 하는 사람을 뜻합니다. 학생, 주부는 제외된 보통입니다. 내가 대학원생일 때 말하는 보통은 내 주위의 대학원생들의 평균을 말합니다. 처지가 바뀌면 보통이 달라집니다.

자격지심이 없을 때는 "그 식당은 맛있는데 비싸"라고 하면 '그런가 보다' 합니다. 하지만 자격지심이 출동할 때는 '네가 먹기에는 비싸서, 넌 못 먹을걸' 같이 삐딱하게 들립니다. 사소한 말 한마디도 삐딱하게 들리면, 예전에는 밤새워 수다를 떨어도 할 이야기가 넘쳐나던 사람과 벽에 부딪히는 듯한 대화가 시작됩니다. 더이상 예전처럼 재미나지도, 잘 통한다는 느낌도 갖기 어렵습니다. 결국 멀어집니다.

학술적으로 왜 그런 일이 일어나는지 분석하지 않더라도, 상황이 많이 달라지면 둘 사이에 불편한 일이 벌어지기 쉽다는 것을 둘 다 잘 압니다. 그렇기에 한쪽이 은근히 다른 한쪽을 방해하면서 둘 다를 낮추는 상황도 벌어지곤 합니다. 비슷해서 끌렸는데 격차가 벌어지는 상황은 자격지심을 일으킬 뿐 아니라 비슷해서 좋았던 관계가 깨지는 징조 같아 두렵습니다.

'힘들 때나 좋을 때나 함께 하겠다', '힘들 때 곁에 있어준 사람'이라는 말은 식상할 정도로 흔한 말입니다. 당연히 그래야 될 것 같지만, 힘들 때 옆에 있으면 힘들 때 또한 많습니다.

각자가 원하는 행복은
다를 수 있다

SNS에는 종종 촌철살인 같은 명언이 올라옵니다. 왠지 공감이 되는 글을 발견했습니다. '부모와 나는 같은 방식으로 행복해질 수 없는 사람이라는 것을 꾸준히 알려드려야 함. 갑작스런 지랄로 상심을 안겨드리지 말고 상습적이고 정기적으로 지랄해서 기대치를 바닥까지 깎아먹자'라는 글이었습니다. 같은 방식으로 행복해질 수 없는 관계가 부모와 자식뿐일까요? 연인과 나도 마찬가지입니다. 부정하고 싶겠지만요.

잘못된 환상 중 하나가 "네가 행복하면 나도 행복해"입니다. 이말은 반은 진실이고 반은 거짓입니다. 연인이 행복해하고 있으면 내 기분도 덩달아 좋아지기 때문에 우울해하는 것보다 도움이 되는 것은 사실입니다. 하지만 연인이 행복하다고 해서 정말로 내가 행복한 것은 아닙니다.

부모님이 원하는 삶이 내가 원하는 삶과 다를 수 있듯, 연인이 기대하거나 설계하는 것이 내가 원하는 것과 차이가 클 수 있습니다. 먼 옛날 저는 심리학 대학원을 진학하려고 했는데, 구남친이 바란 것은 미술을 더 해서 갤러리를 하는 와이프로서 내조를 해 주길 바랐습니다. 갤러리가 어려우면 미술 학원을 해서, 오전에는 살림을 하고 아이를 키우면서 생활비 벌기를 바랐습니다. '미술 전공한 게 아까우니까', '너도 좋아하니까'라고 하지만, 냉정히 보면 정말 나를 위한 계획인지는 의심이 듭니다. 뭐 저도 계획이 있었습니다. 공부를 계속하고 싶었기에 남편이 돈을 잘 버는 사업을 하길 바랐습니다. (그때는 사업가가 돈을 잘 번다고 생각했습니다.) 각자 계획 속 상대의 역할은 자신의 인생을 돋보이게 해 줄 조연이었습니다.

정리하면, 내가 행복할 때 상대도 덩달아 소소한 행복을 느낄 수는 있습니다. 하지만 역은 참이 아닙니다. 내가 행복하면 당연히 너도 행복할 거라는 가정은 성립하지 않습니다. 앞서 공감되던 SNS 글처럼 부모님이 기대하시는 자녀의 삶과 자녀가 바라는 삶의 간극이 커질 때, 부모님 입장에서는 당혹스럽습니다. 어느 날 갑자기 "저는 대학이 적성에 맞지 않아요. 배우는 것도 없고, 그만두고 싶어요. 제 사업을 할래요"라거나 뜬금없이 "한국은 아닌 것 같아서, 유학을 갈래요. 돈 보태주세요" 같은 말을 하면 황당합니다. 아마도 서로 대화가 줄어든 사이, 부모님은 부모님대로 자신의 바람과 자녀의 바람이 비슷한 방향일 거라 간주하고 계셨기 때문일 것입니다. 이는 대화 부족이나 의사소통 문제도 있지만, 또 다른 문제도 있습니다. 사실 자녀도 자기가 하고 싶은 것이 뭔지 잘 모를 수 있습니다. 부모님 역시 잘 모르실 수도 있습니다. 행복이 뭔지, 어떨 때 정말로 행복하신지요.

해복이 뭔지 잘 모르는 사람 둘이 저마다의 방식으로 행복을 주장하면, '사랑하는 사람과 함께 오래 오래 행복하게 살았습니다'가 어렵습니다. '행복이 뭔데?', '어떨 때 행복한 건데?'부터가 흔들리니 그 위에 쌓아 올린 것이 다 무너집니다. 그래서 자신이 바라고 꿈꾸는 행복이 무엇인지 먼저 살펴볼 필요가 있습니다.

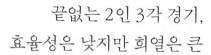

끝없는 2인 3각 경기,
효율성은 낮지만 희열은 큰

체육 대회 때 2인 3각을 해본 적이 있나요? 하나 둘, 하나 둘, 잘 맞추면 문제없을 거라고 생각했는데 머리와 몸은 달랐습니다. 처음에는 잘 맞고 앞서 나가는 것 같더니, 순간 엇박자가 나면서 걸음이 꼬였고, 마음이 급해 발이 꼬일수록 묶어 놓은 끈은 서로의 발목을 파고들었습니다. 어쩌다 보니 둘 다 오른발잡이인지 급하면 둘 다 오른발을 먼저 내밀려고 들었고, 깜빡 하면 엇박이었습니다. 쩔쩔매며 한 바퀴를 돌고 오는 그 길이 어찌나 길던지….

그나마 2인 3각은 반환점이 있습니다. 영원한 것도 아니고, 5분 남짓한 시간만 견디면 끝이 납니다. 하지만 연애는 끝을 모르는 2인 3각입니다. 차라리 혼자 뛰거나 손을 잡고 발은 자유로우면 더 잘 뛰련만, 한쪽 발을 묶어 놓고 뛰려니 둘 다 속도가 안 나곤 합니다. 효율성을 따지자면 혼자 뛰는 편이 훨씬 낫습니다. 설령 달리기에서 늘 꼴찌를 하던 사람일지라도 2인 3각보다는 혼자 뛰는 것이 약간 빠를 것입니다.

하지만 2인 3각은 잘 맞을 때의 희열이 있습니다. 두 사람의 호흡이 딱 맞아서 걷는 것이 아니라 뛰는 듯한 속도로 나아갈 때, 한 사람이 잘 못해도 다른 한 사람이 단단히 잡아줄 때 혼자는 느낄 수 없는 감정이 있습니다. 적어도 꼴등을 해서 혼자 부끄러운 것보다는 둘이 하려면 원래 힘들다는 변명이라도 가능하기에 덜 부끄럽다는 장점도 있습니다.

잘 맞는 희열을 위해서는 하나 둘 맞춰 가는 수고가 필요합니다. 연인은 선순환이든 악순환이든 한쪽 사이클로 접어들면 빠르게 서로에게 영향을 미칩니다. 상대방이 잘해 주면 감격에 겨워 너무 고마워하며 나도 하나라도 더 챙겨 주려고 하고, 배려하고 따뜻하고 다정하게 굴면, 상대방도 또 나를 더 아껴 줍니다. 이런 사이클이라면 더 없이 좋은데 둘 중 하나가 컨디션이 안 좋거나 상황이 나빠 짜증을 내거나 우울해하면 어떨까요?

다른 한쪽은 아직 여력이 있어 "많이 우울한가 보네. 오늘은 내가 다 해 줄게"라며 기분을 풀어 줄 수 있는 힘이 있다면 괜찮습니다. 짜증내도 다 받아 줄 수 있고, 우울해해도 힘내라며 격려해 줄 수 있습니다. 최악은 둘 다 안 좋을 때입니다. 잠도 못 자고 몸도 피곤하고 컨디션도 최악인데 정서적으로도 미칠 것 같은 심경입니다. 둘 다 그렇다면 누가 누구를 받아 주고 챙겨 줄 여력이 없습니다. 낯선 비아냥이나 짜증만 오갑니다. 서로를 잘 알기에 비아냥대며 까는 것도 누구보다 잘합니다. 차라리 쌍욕을 하는 것이 생채기가 적을지도 모릅니다. 욕은 한마디도 안 하지만 아픈 구석을 쿡쿡 찌르며 비아냥대고 비꼬면 큰 상처가 됩니다. 시간이 지나 마음이 풀어져도 이렇게 비아냥대며 무시하거나 빈정대던 것들은 남습니다.

이전에는 내가 이렇게 상처받았는데 상대가 반성을 안 한다는 것에 분노했습니다. 하지만 이런 이유로 상대를 놓치는 게 잘하는 일인지 생각했습니다. 헤어지고 나서 제일 많이 후회하는 것이 이것이었습니다. '그때 내가 너무 예민했어', '조금만 참아줄걸' 이런 것 말입니다.

싸움의 원인, 분명 결함입니다. 왜 자꾸 짜증을 내고 비아냥거리는지 몹쓸 성격이라고 폄하할 수도 있습니다. 하지만 결함 없는 사람이 있을까요. 누구나 못된 구석이 있습니다. 낯선 이에게는 친절하지만, 자기 엄마에게는 "내가 안 먹는다고 했잖아!"라며 버럭 화를 내거나 "대체 왜 자꾸 전화해!"라며 못되게 구는 사람, 흔하디흔합니다. 늘 친절하고 나에게 잘하고 감정적으로 평온한 상태만 보고 있다면, 우리는 아직 가족 단계에 접어든 것은 아닐 수 있습니다. 저런 못된 구석을 거침없이 드러내고 있다는 것은 마음이 풀어졌다는 증거일 수도 있습니다.

이때 "내가 사라져줄까?", "이제는 내가 숨만 쉬어도 싫지?"라며 속을 박박 긁거나, 잠수를 타거나 상대를 엿 먹이는 방식으로 주도권이라는 것을 되찾는 시도를 해 볼 수도 있습니다. 하지만 이런 식은 상대에게 또 다른 트라우마를 남깁니다. 연인이 진짜로 사라져버릴지도 모릅니다.

미국 드라마 <튜더스>에서는 왕의 누나가 죽었는데 장례식에 왕이 나타나지 않자 꼬마가 아버지에게 묻습니다.

"누나가 죽었는데 왜 왕은 오지 않아요?"

아버지가 답했습니다.

"왕이 장례식에 오면 사람들이 왕의 죽음을 상상해 버리거든. 그것은 상상만으로도 반역죄란다."

이별에 대한 언질, 이별을 인질로 한 협상을 하는 순간, 그것이 상상이 되어 버립니다. '헤어지면 어떻게 하지?' 생각하는 것은 처음에는 아주 효과가 있습니다. 헤어짐을 상상조차 하기 싫기 때문입니다. 하지만 두 번째, 세 번째가 되면 살 구멍을 찾습니다. 헤어졌을 때 자신이 어느 정도 감수해야 할지, 마음의 준비를 해보는 것입니다. 그렇게 되면 몇 번의 상상과 가정 끝에 결국 헤어지게 될 수도 있습니다.

이것을 원하는 것이 아니라면, 정말로 최악이자 마지막 승부수라고 생각될 때가 아닌 한 이별이나 이별을 떠올리게 하는 말을 입에 담지 않는 것이 좋습니다. 싸울 때, 상황이 안 좋을 때 떠올려야 할 조언이 있습니다. 지금 화가 나고 언짢은 것을 분풀이하고 싶은 것인가요? 다시 행복해지고 싶은 것인가요? 당장 성질이 나서 속을 풀고 싶으면 마구 퍼부으면 됩니다. 미친 사람마냥 퍼부으면 대체로 상대방은 조용해집니다. 하지만 퍼붓는 과정, 상대를 들볶는 과정에서 실수한 것으로 인해 상대에게 벽을 하나 쌓게 될 수 있고, '오래오래 행복하게 살았습니다'라고 하는 것은 보장할 수 없습니다.

잠시 짜증 나게 한 이유 때문에 그보다 더 긴 시간 좋은 날이 더 많았던 사람을 놓칠 것인지도 화내기 전에 고민해 봅시다. 목구멍까지 치밀어 오르는 독설들이 잠잠해집니다. 이것도 나름의 연습과 훈련이 필요합니다. 내가 상대에게 바라는 것은 '분풀이'가 아니라 '알콩달콩'이라는 생각만 하노라면 견딜 만합니다. 또한 누군가와 또 다시 탐색부터 시작해서 적응, 조율, 적응 심화단계 등을 다시 한다는 것 자체가 피곤하다는 생각을 하면 좀 더 참을성이 생길지도 모릅니다.

마무리로 그동안 연습한 감사 주문을 외웁니다. 지금은 짜증이 나고 괴롭지만, 수시로 고마웠던 때가 더 많았던 사람이라고 생각하면 '일시적'인 우기를 넘길 수 있습니다.

가본 적 없는
2인 관계의 끝판왕

연애하다가 힘든 이유에 대해 참 오래 생각하다 보니, 사람이 살면서 이렇게 2인 관계의 끝에 가까이 가 본 적이 드물다는 것을 알게 되었습니다. 분명 친한 친구는 있습니다. 하루 종일 학교에서 붙어 있고, 집에 와서도 전화통을 붙잡고 한두 시간씩 수다 떨고, 잠만 집에서 자고 다음날 또 만나 종일 붙어 있습니다. '소울메이트'라고 하는 친구도 있습니다. 하지만 친구는 아무리 친해도 나와 운명 공동체는 아닙니다. 인생의 동반자라고 여겼지만 친구와 내가 함께 돈을 모아 미래를 계획하거나 결혼, 출산, 노후 등을 생각하기는 어렵습니다.

제가 경험한 가장 찐득한 2인 관계는 엄마와의 관계정도뿐인 것 같습니다. 다음이 동생과의 2인 관계, 아빠와의 관계, 그 뒤로는 상사와의 관계 정도랄까요?

2인 관계를 강조하는 이유는 집단(group)은 3인 이상이며, 2인(dyad)은 특수한 양자 관계이기 때문입니다. 양자 관계와 삼자 관계의 특성은 상당히 다릅니다. 양자 간의 특별한 친밀성은 3인 이상의 집단에서는 나오지 않습니다. 대신 집단 역동(dynamics)은 여럿에서 나타나는 특이한 행태로 양자 관계에서는 나타나지 않습니다. 양자 관계는 중재가 불가능하고, 3인 이상의 집단에서 중재가 가능해집니다. 이 때문에 중이 제머리 못 깎는다는 말이 나옵니다. 제 아무리 뛰어난 협상가라 해도 자신의 배우자와 관계를 중재할 수는 없고, 갈등 관리 전문가라 해도 연인과의 갈등을 피할 수는 없습니다. 여러 친구, 여러 무리와 어울렸어도, 애인과의 양자 관계는 그 특성이 다릅니다.

전 친구와 싸운 적이 거의 없습니다. 치받는 성격도 아니었고, 적당한 관계를 유지하는 위성 같은 존재이다 보니 딱히 문제가 되지도 않았습니다. 그런 제가 구남친과는 징글징글하게 싸웠습니다. 저는 문제가 생기는 것이 싫어 회피하는 사람이기에, 싸움이 생길 것 같으면 피했습니다. 하지만 그는 "말을 하고 풀고 넘어가야지"라며 이야기를 했습니다. 말을 하면 풀리는 것이 아니라, 내 말이 어이없다는 듯 반박했고, 이미 회피할 기회를 잃은 저도 임전무퇴 정신으로 받아치며 격하게 싸웠습니다. 이처럼 징글징글하게 싸울 때면, 제가 사람 관계에 굉장히 서툴다는 것을 깨달으면서 힘들어졌습니다.

분명 엄마와도 잘 지내고, 동생, 아빠와도 꽤 잘 지냈고, 상사와는 힘들었어도 잘 참으며 지냈습니다. 절친도 있었습니다. 하지만 연애 과정의 양자 관계는 왜 이리 힘들고 미숙한지 의아했습니다. 어쩌면 저는 정말로 가까운 사람과 어떻게 지내야 하는지 전혀 모르고 있었는지도 모릅니다.

다른 사람과는 적당히 맞춰 주며 지냈으나, 남친에게는 "나랑 제일 가까운 사람이면 나에 대해 잘 알아야지. 나에 대해 왜 몰라?"라며 서운해하거나 "너까지 왜 그래? 나 요즘 힘든 거 알잖아"라면서 가까우니까 희생하라고 강요했던 것입니다. 한마디로 가까운 사람에게 이기적이고 몹쓸 사람이었습니다. 저도 몰랐던 면입니다. 연인처럼 속을 뒤집어 까서 보이며, 싸우고, 부딪히며 가깝게 지낸 관계가 처음이었으니까요.

엄마와의 관계, 아빠와의 관계, 동생과의 관계는 연인 관계보다 한정적입니다. 우선 18세까지 붙어 있고, 그 뒤에는 대학에 따라 떨어져 있게 될 수도 있고, 그 후에도 평생 함께 살기보다는 따로 살 거라는 가정이 있습니다. 즉, 나 자신에게 주관이나 생각 같은 것이 생기고 채 10년도 함께 살지 않을 사람들인 것입니다. 언제든 결혼을 하고 분리될 사람이기에 서로 참고 넘어갈 수도 있습니다. 부모님의 마음에 안 드는 것이 있으셔도 "에휴. 결혼하고 네 집에 가서 그렇게 살아"라고 하시고, 자녀 역시 불편한 점이 있으면 '나중에 결혼하면 이렇게 해야지'라며 참을 수 있었습니다. 몇 년의 참을성만 있으면 굳이 서로의 생활 습관을 완벽히 맞추지 않아도 됩니다. 관계도 그렇습니다. 미우나 고우나 가족이라 서로를 버릴 수 없다는 심리적 안정감이 있었기에, 불편하면 잠시 피할 뿐 적극적으로 덤비지 않습니다. 집에 있을 때 스트레스 받으면 나와서 공부하거나 일하고 집에서는 잠만 자면 됩니다. 서로 볼 시간이 지극히 적어지면 부딪힐 일도 없습니다.

하지만 연인은 다릅니다. 현재의 예상 수명은 120세인데, 결혼을 하면 무려 80~90년을 함께 해야 합니다. 이혼이라는 종료 방법이 있기는 하나 고려하고 싶지 않고, 평생 함께 해야 되니 대가리 터지도록 싸워서라도 맞춰야 한다고 생각했습니다. 가족처럼 '10여 년만 참으면, 결혼하거나 독립하면 따로 살 거니까'라는 기한이 없기 때문입니다. 가족에게 했듯 잠만 자고 거의 얼굴 볼 일이 없이 지내는 것으로 문제를 피하고 싶지도 않습니다. 결국 난생 처음 회피가 아닌 정면 돌파로 관계를 만들어 갈 수밖에 없는 상황에 놓인 것입니다.

치열하게 부딪힌 만큼 깨우치는 것도 많은 과정입니다. 연애란 것을 하지 않았다면 두 인간이 이렇게까지 격렬할 수 있다는 사실을 평생 몰랐을지도 모릅니다. 앞으로 또 어떤 낯선 상황에 놓이고 헤쳐 나가야 할지, 정말 가까운 사람과는 어떻게 지내는지 등 몰랐던 것들을 깨달을지 모릅니다. 이렇듯 연애라는 과정은 끝을 알 수 없는 심해 탐험처럼 낯설고 때론 막막한 2인 관계 탐험입니다.

외로움에
익숙해져야 한다

솔로와 커플 중 누가 더 외로우냐고 물으면, 절대 고독은 커플일 거라 생각합니다. 사이가 좋은, 사랑하는 사람이 있어도 어느 순간 세상에서 혼자된 기분이 들 때가 있습니다. 특히 주위 사람들과의 관계가 좋지 않을 때, 한 사람에게 의존하게 되고, 그런 상황에서 다투거나 사소한 말 한마디에 상처받으면 지구에서 나 혼자인 느낌입니다. 이때의 기분은 아는 사람들 사이에서 혼자 밥 먹는 것, 버스에서 다들 재미나게 이야기하는데 우두커니 있어 난감한 것과는 비교할 수 없이 외롭습니다.

문화심리학자 김정운, 사회학자 노명우 교수는 외로움이 당연한 일이며, 담담히 마주해야 할 일이라는 화두를 꺼냈습니다. 외로움은 이제 익숙해져야 할지도 모르는 감정입니다. 하지만 가족도 있고, 사랑하는 사람도 있는데 외로운 것은 우선 머리로 쉬이 이해가 잘 되지 않고, 감정적으로는 더더욱 받아들이기 힘듭니다. 외롭지 않으려고 연애하고, 구두 계약을 하고, 법적으로 묶어 두었는데 그래도 외로우면 어쩌란 말일까요.

'외롭기 싫어서 연애한다, 결혼한다'는 것은 다시 생각해 볼 목표입니다. 예전의 저는 솔로일 때 외로움은 당연하다 생각하며 친구나 가족에게는 외로움에 대해 비난하지 않았습니다. 하지만 연애할 때 외로운 것은 다 남친 탓을 했습니다. 친구나 가족이 있어도 인간은 근원적 외로움을 느끼는 게 당연하다고 생각했는데, 놀랍도록 비합리적인 뇌가 연인이 있으면 근원적 외로움도 없어야 한다며 저를 부추겼습니다. 저 인간 때문에 외로운 거니 저 인간을 쥐어짜라고.

기준점이 중요합니다. 인간은 원래 외롭고, 평생 외로운 것이 당연하다고 생각하면 옆 사람은 외로움을 덜어 주는 존재가 됩니다. 더없이 고맙습니다. 반대로 당연히 안 외로워야 되는데 외롭다고 생각하면 옆 사람은 나를 외롭게 만든 나쁜 사람이 됩니다.

연애를 해도 외로울 때, 고약한 궁금증이 들었습니다. 평생 독신을 고수하시는 신부님, 수녀님, 스님들은 이 외로움을 어떻게 참으실까요? 한 수녀님은 세상에는 없는 훌륭한 남자와 결혼했다고 생각해 외롭지 않다고 하셨습니다. 또 다른 수녀님은 수녀 역시 외로움을 느낄 때가 있고 연애, 결혼에 대해 생각해 볼 때가 있는데, 사목 활동을 하시거나 상담하시며 들은 험난한 연애, 결혼

과정을 계속 상상해 보신다고 했습니다. '아휴, 나는 못 하겠다'라는 생각이 들며 외롭다는 생각이 가신다고 하셨습니다.

법정 스님은 뜻밖의 고백을 하셨습니다. 『무소유』(범우사, 1999) 중 '미리 쓰는 유서'라는 글에서 설사 지금껏 귀의해 섬겨 온 부처님이라 할지라도 그는 결국 타인이라 하시며 이 세상에 올 때도 혼자서 왔고 갈 때도 나 혼자서 갈 수 밖에 없다고 말씀하셨지요.

수도의 길을 가시는 분들이 대단한 점은 끝없는 고독과 담담히 직면하며 수행하고 있다는 사실입니다. 신도 없애주지 못하는 외로움을 상대방에게 온전히 책임지고 없애달라며 떠맡기는 건 무리수 아닐까요.

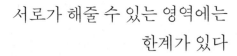

서로가 해줄 수 있는 영역에는
한계가 있다

저는 한때 내가 좋아하는 남자와 사귈 수만 있다면 친구는 없어도 괜찮다고 생각했습니다. 순정 만화에 보면 모든 여자애들은 싫어하지만 킹카 남자애들의 사랑을 한 몸에 받는 여주인공이 나오는데, 저도 그래도 될 것 같았습니다. 너무나 사랑하는 남녀가 부모의 반대를 무릅쓰고 야반도주를 하여 둘이서 행복하게 산 이야기를 들으면서, 그럴 수도 있겠다고 생각했습니다. 이처럼 연애로모든 것이 채워질 것만 같았습니다.

이 꿈을 이룬 것은 20대 중반이었습니다. 마침 저를 철저히 통제하는 연인을 만나게 되어 친구와는 거의 연락을 하지 못했고, 가족에게도 소홀하고, 오직 남자친구 밖에 없었습니다. 그러자 섭섭한 일들이 산더미처럼 쌓였습니다. 나는 친구들과도 연락을 끊고, 가족도 등한시하면서 오직 남친만 챙기는데, 그 사람은 아니라는 것에 화가 났습니다. 도란도란 이야기를 하다가 성질이 나는 날도 많았습니다. 동성 친구들과 달리, 그는 자꾸 내 잘못을 지적했습니다. 일이 끝나고 상사 욕을 하는데 "그건 네가 바보같은 거지. 그럴 때는 똑 부러지게 말을 했어야지. 네가 만만하게 구니까 그 사람이 그러는 거지"라며 훈수를 두었습니다. 동성친구들과 수다 떨면서 스트레스를 털어내듯이 남친과 수다를 떨며 스트레스를 풀고 싶었는데, 이야기를 하면 할수록 스트레스가 더 쌓였습니다. 성격의 차이뿐 아니라 남자와 여자의 차이도 극명히 드러났습니다. 사소하게는 생리통, 배란통 때문에 힘들어할 때 정신력이 약해서 엄살을 부린다고 하여 섭섭하게 만들기도 했습니다. 아무리 연애를 해도 친구만이 이해하고 공감하며 해결해 줄 수 있는 부분이 있던 것입니다.

가족도 마찬가지였습니다. 철부지 시절에는 남친을 붙잡고 식구들 흉을 봤습니다. 그것은 친구들에게 식구 욕을 하는 것보다 치명적이었습니다. 그는 미리부터 우리 식구들을 얕잡아보며 가르치고 바꾸어야 할 대상으로 보기 시작했습니다.

"어머니가 그러시면 네가 이렇게 말을 해서 고쳐드려야지. 네 동생이 그러면 네가 이렇게 이렇게 통제를 했어야지. 만약에 내가 결혼해서 사위면 나는 말을 하지. 그러면 안 된다고."

내 가족을 내가 욕할 때야 괜찮지만, 애인 입에서 욕이 나오니 달갑지 않았습니다. 가족에 대해서는 웬만하면 말을 하지 않거나, 애인에게는 말을 하지 않는 게 좋겠다는 생각을 했습니다. 가족 관계가 안 좋을 때면 괜히 애인에게 짜증을 부린다거나 퉁명스럽게 군다는 문제뿐 아니라, 마음을 둘 곳이 없다는 문제도 있었습니다. 엄마와 사이가 좋아 미주알고주알 다 이야기할 때는 남자친구가 짜증나게 구는 것을 엄마에게 이르며 풀 수도 있었습니다. 친구들과 달리 '그래, 그래. 네가 섭섭했겠네. 그럼 서운하지'라며 충분히 맞장구를 쳐주신 다음에 그러니까 헤어지라는 것이 아니라 지혜로운 답을 주시곤 했습니다. 그런데 엄마와 다투고 사이가 안 좋을 때는 그런 지혜를 구할 수도 없고, 엄마와 불편하다며 남친에게 이르는 미련한 짓을 하니 가족 관계도, 연인 관계도 안 좋아진 것입니다.

친구와의 사이가 불편하거나 가족과의 사이가 좋지 않을 때면 연인에게 지나치게 의존하게 됩니다. 하지만 행복한 연애를 하려면 나라의 삼권 분립처럼 인간관계의 삼권 유지가 중요합니다. 사귀다보면 애인이 친구 같고, 가족 같기도 한 것과 처음부터 친구이자 가족이자 애인의 역할을 잘 수행해달라고 하는 것은 매우 다릅니다.

다용도 제품처럼 한 명에게 여러 역할을 시키면 모두 시원치 않습니다. 남친은 죽었다 깨어나도 생리통의 고통을 공감하지 못하고, 나 역시 그 사람의 군대 이야기를 온전히 공감할 수 없습니다. 가족이니까 내가 쌀쌀맞고 못되게 굴어도 같이 살아줬지, 남친에게 그러면 진즉에 나를 싫어했을지도 모릅니다. 이건 누구와 사귀어도 생겨날 수밖에 없는 부분입니다. 아무리 상대방이 자상하다고 한들 엄마 같을 수 없고, 희생적이라고 한들 아빠 같을 수도 없습니다. 가족과도 어느 정도 관계가 유지되어야 행복을 느끼고, 친구도 있어야 하고, 애인도 있어야 합니다. 어느 하나가 다른 역할을 대체하거나 대신해 줄 수 없습니다.

연애의 종착지는
어디일까?

연애하고 결혼하고 애 낳고, 애 키우고 부부끼리 노후를 즐깁니다. 조부모님이 그렇게 사셨고, 부모님이 이렇게 사셨습니다. 회사 상사, 선배들도 이렇게 삽니다. 다른 길을 경험한 사람이 없기에 같은 길을 권합니다. 독거도 괜찮고, 동거도 있으며, 결혼을 해서 아이를 안 낳고도 행복하게 살 수 있다는 방향을 알려줄 수 없던 것입니다. 자기도 해 본 적이 없으니까요.

길은 많습니다. 제가 자녀 없이 사는 삶에 대해 생각 자체를 바꾸게 된 것은 스승님 덕분이었습니다. 자녀를 안 낳는 것이 아니라 못 낳으신 것일 수도 있기 때문에 꽤 오랫동안 자녀가 있는지에 대해 여쭤 보지도 않았습니다. 그러다 우연히 남편과 상의하여 우리 삶의 방향에는 아이가 있는 것이 맞지 않다는 결론을 내리셨다는 것을 알게 되었습니다. 그분들을 보며 자녀가 없는 결혼 생활은 서로에게 집중하고 자신의 인격을 수양하는, 여유가 있는 삶일 수 있다는 것을 보았습니다. 서로에게 더 각별한 사이인 것을 보면 '연애의 목적지가 있다면 이런 관계가 아닐까' 하는 생각이 듭니다.

하 살 한 살 먹을수록 결혼에 조바심을 내는 이유 중 하나는 출산 때문입니다. '노산이면 힘들다', '적어도 서른다섯 전에는 낳아야 한다', '마흔을 넘기면 못 낳는다' 같은 이야기에 마음이 급해집니다. 하지만 아이를 낳지 않아도 된다는, 아이를 낳지 않아도 충분히 행복할 수 있다는 선택지를 고려하면 조바심이 잦아듭니다.

반듯한 선배들의 동거 권유도 선택지를 넓혀주었습니다. 어느덧 40~50대가 되고, 사회적 명성, 모범적 가정 생활을 하는 분들이 결혼보다 동거가 좋을 수 있다는 말씀을 하십니다. 결혼은 사랑하는 남녀뿐 아니라 가족과 가족의 결합이기에 어쩔 수 없이 딸려오는 책임과 의무가 있을 수밖에 없으니, 둘의 뜻대로 살고 싶으면 동거를 하랍니다. 선진국에서 결혼보다 동거 커플이 더 많은 이유가 있다고요. 이제 우리나라에도 동성 결혼까지 쟁점으로 나오는 상황이니 결혼이 아닌 동거도 진지하게 고려해 보라는 것입니다. 결혼을 하지 않아도 된다? 언제든 좋은 사람이 있으면 함께 살기만 하면 된다니! 부담이 더 줄어듭니다.

연애의 종착지가 여러 곳에 있다는 것은 사회적 비교에서 벗어나는 데 도움이 됩니다. 오직 한 길로 연애하고 빨리 결혼하는 것을 향해 달려가면 결혼이 늦은 것이 초조하고 한 명 두 명 결혼을 할수록 조바심이 납니다. 저는 늦게 결혼하는 대신에 으리으리한 예식을 하거나, 남들이 못 가 본 신혼여행지를 택하거나 넓은 평수에서 시작해 부러움을 사야겠다는 등의 유치한 만회 전략을 짜기도 했습니다. 하지만 꼭 똑같은 길이 아니라, 이렇게 살 수도 있고 저렇게 살 수도 있다 생각하니 폭주하던 비교 의식이 사라졌습니다. 이제는 그냥 나는 나대로 의미 있는 삶을 살고 있다고 생각하니 속이 편해졌습니다. 여러 가지 음식 시켜 놓고 같이 먹듯 친구는 내가 경험하지 못한 삶을 살고 있고, 나는 친구가 경험하지 못한 삶을 살면서, 네 삶은 어떤지 맛본다고 생각하니 갑자기 느긋한 마음이 든 것입니다.

결혼을 하기 위해 연애를 할 때는 불만이 그득했습니다. 답답했습니다. 저는 상당히 계획적이며 빠릅니다. 좋게 말해 계획적이고 빠른 것이고, 나쁘게 말하자면 성질 급한 완벽주의자였습니다. 연애하고 빨리 결혼해야 되는데, 남자가 결혼 계획이 없어 보이면 속이 터졌습니다. 옆구리를 찌르기도 하고 상당한 압박을 주었던 것입니다. 구남친 욕을 바가지로 했던 이유 중 하나도 늘 결혼 상대를 기준으로 연애 상대를 평가했던 것도 큽니다. 그는 좋은 연인이었습니다. 누구에게도 좋은 친구일 것입니다. 하지만 결혼이라는 것을 하기에는 미흡함이 많았습니다. 반대로 저는 아내감으로 적절했을까요? 아내는 고사하고 여친감으로서도 많이 부족했을 것입니다. 자꾸 결혼 이야기를 하고, 결혼할 때 '남자가 뭐

해 준다더라' 같은 소리를 하고, 은근히 내가 기대하는 모습이 되라며 압력을 넣어 스트레스를 줬을 것입니다.

연애를 즐기기보다 오로지 미래의 결혼, 정확히는 남 보기에 근사한 결혼식이 종착역인 사람이었기 때문입니다. 이미 목표는 정해져 있고, 너는 거기에 따라 빨리 움직여야 된다는 것이 얼마나 숨 막혔을까요. 그렇게 결혼이라는 1차 목표를 달성했다면, 남 보기에 근사한 집이나 차 따위를 위해 또 달리라며 채찍을 휘두르지 않았을까요.

결혼, 출산, 노후 등의 긴 미래를 생각하면 조바심과 열등감이 먼저 얼굴을 내밉니다. 열렬하게 계획을 세우다가 '이렇게 준비하다가 헤어지면 어떻게 되는 거지?' 하는 위험 요소를 떠올리면 암담해집니다. 불안감이 엄습하면 확실히 해두기 위해 '정말 나를 사랑하는지' 재차 삼차 검증하려고 들고, 내 계획에 차질이 생기지 않게끔 들볶게 됩니다. 본말전도가 되어 행복보다 목표 완수가 우선이 되어 버린 것입니다.

'사람은 목표가 있어야지'라는 것이 진리라 생각했는데, 연애의 목표는 좀 내려놔도 좋습니다. 결혼과 출산에 대한 목표만 내려놓아도 불안감과 강박이 사라지고, 기대가 사라지면서 감사함이 늡니다. 연애에 아무 기대도 목표도 없으면, 모든 소소한 것들조차 뜻밖의 행복한 일이 됩니다. 연애야 말로 '지금, 여기'가 필요한 일입니다.

연애란 것을 하지 않았다면

두 인간이 이렇게까지 격렬할 수 있다는 사실을

평생 몰랐을지도 모릅니다.

치열하게 부딪힌 만큼 깨우치는 것도 많은 과정입니다.

그 과정에서 한 가지 명심할 것이 있습니다.

두 사람이 목표를 향해 무작정 달리기보다는

두 사람이 '지금, 여기'를 함께 살아가야 한다는 것을요.

PART 5

피할 수 없는 이별, 그리고 그 후

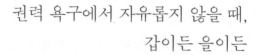

권력 욕구에서 자유롭지 않을 때,
갑이든 을이든

자기는 평생 거짓말을 해본 적이 없다거나, 자기는 평생 남에게 폐를 끼치며 산 적이 없다는 사람들처럼 저 역시 제가 차인 것은 기억에서 편집했습니다. '그건 사귄 게 아니라 그냥 썸 타다 연락이 끊긴 거지' 이런 식으로 그 사람과의 관계는 연애라고 할 수 없다고 빼 버렸습니다. 그리고 차일 것 같으면 선수 쳐서 찼습니다. 이럴 거면 헤어지자고요.

헤어지자고 하니 그 뒤로 연락 한 통도 없던 남자도 있었고, 붙잡는 남자도 있었습니다. 연락 한 통도 없으면 자존심이 상했습니다. 돌이켜보면 그 남자도 자존심이 단단히 상했던 것 같습니다. 별것 아닌 일로 사귀던 여자에게 헤어지자는 소리를 들을 만큼 자기가 별것 아닌 남자 취급 받았다 생각했을 가능성도 있습니다.

나 역시 '헤어지자고 했다고 정말 연락 한 통도 안 하냐? 내가 그렇게 아무것도 아니란 말이냐?'라며 단단히 삐쳤습니다.

"술 먹는 것은 이해하겠는데, 대신 연락은 해달라고. 제대로 들어갔는지 아닌지 몰라서 난 잠도 못자고 기다리잖아. 그 정도 배려는 해 줄 수 있는 거잖아"라고 하다가, 상대방이 세 번 정도 더 연락이 두절되면 거침없이 말했습니다. 이럴 거면 헤어지자고요. 그러면 정말로 헤어졌느냐고요? 아니었습니다. 헤어지자고 했더니 말없이 전화 뚝 끊고 연락이 없던 남자를 제외하고는 다시 만났습니다. 붙잡으면 못 이기는 척 다시 만나며 다음엔 그러지 말라고 했습니다. 정말로 헤어질 생각이 아니라 '네가 내 말을 안 들으면 언제든 내가 떠날 수 있으니 잘해라'라는 협박 수단이었던 셈입니다.

이처럼 남을 통제하는 것은 참 짜릿한 일입니다. 내 말 한 마디에 다른 사람을 멋대로 할 수 있다니. 갑질을 하는 심리도 비슷할 것입니다. 특히 한국은 권력에 대해 고개를 숙이는 의전 문화가 엄청납니다. 높은 사람이 오면 미리 문을 잡아 주고, 자리에서 일어나 맞이하고, 그 사람은 손 하나 까닥하지 않아도 옆에서 모든 것을 그 사람 먼저 줍니다. 권력 남용에 대해서도 꽤 관대한 편입니다. 누나가 아들 보고 싶다고 우니까, 쓰리스타인 동생이 헬기를 띄워 조카를 집에 보내주었다는 이야기에 '아니, 그 헬기가 자기 것도 아니고 누구 맘대로?'라는 반응보다는 멋있다는 반응이 압도적입니다. 권력 남용조차 우러러봐 주는 풍토는 연애에도 고

스란히 이어집니다.

'초반에 잡아야 된다', '기선 제압이 관건이다'라며 결혼하고 초반 6개월~1년 이내에 상대를 눌러야 나머지 결혼 기간이 편하다고 합니다. 상대를 통제하면서 권력을 누리고 살 수 있다는 것입니다. 결혼뿐일까요. 연애에도 권력은 작동합니다. 평등한 사이라는 허울 뒤로 어느 한쪽이 다른 한쪽을 쉬이 조종하고 통제하는 관계는 흔합니다.

여자친구의 전화 한 통이면 피곤에 지친 몸으로도 차 끌고 데리러 와야 한다거나, 여자친구가 지금 뭘 먹고 싶다고 하면 내키지 않아도 따라 나서야 되는 절대 권력의 여자친구를 모시고 있는 남자가 있습니다. 반면 남자친구 말 한마디면 사회생활 하기가 거의 불가능에 가까운 여자도 있습니다. 남자친구가 외박은 안 된다며 학교 총 MT를 못 가게 해서 교수님들도 참석하시는 총 MT에 불참하기도 합니다.

이는 다른 사람에게 영향을 미치고 그러한 영향력을 가지고자 하는 권력 욕구 때문입니다. 권력(power)은 자원을 분배할 수 있는 능력인데, 그것이 내 것이 아니라 해도 내 뜻대로 나눌 수 있는 힘입니다. 자신은 차가 없지만 언제든 남자친구를 불러 운전을 시킬 수 있다면 남자친구(운전사)와 남자친구의 차를 자신의 뜻대로 할 수 있는 권력이 있다고 볼 수 있습니다. 권력의 짜릿한 맛 때문에 이별을 협박 수단으로 삼아서라도 서로를 통제하려고 들 만큼 독성이 있다는 문제뿐 아니라, 자신의 뜻대로 상대를 움직였다고 생각하기 때문에 배려를 배려로 받아들이지 못합니다. 이런 상황이라면 이제는 헤어져야 할 때입니다. 이런 관계는 분명 건강한 관계가 아닙니다.

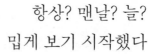

항상? 맨날? 늘?
밉게 보기 시작했다

연인과 모르는 사이만도 못한 사이가 되어 버리고 나면 의아해집
니다. 한때는 사랑했던 사람이 어떻게 이렇게 끔찍한 사이가 되어
버렸을까요? 제가 욕을 하는 입장일 때는 모두 구남친이 잘못했
기 때문이라 생각했습니다. 그러다 제가 같은 상황에 놓이니 금방
알 수 있었습니다.

이전 책『여자, 서른』(매일경제신문사, 2014)에는 제가 자격지심 때
문에 돈이 없어서 힘든 때에도 괜찮은 척했다는 이야기 등이 있습
니다. 그 이야기로 인해 멀어진 친구 몇 명이 있습니다. 한 친구는
"네가 그렇게 돈 때문에 스트레스 받는 처지인 줄 몰랐는데 읽으
며 짠하기도 했고…. 하지만 충격적이었어. 그동안 나랑 다니면서
괜찮다고 좋다고 했던 게 다 거짓말이었던 거잖아. 갑자기 네가

하는 건 다 가식이었던 것 같고, 무섭더라고” 말했습니다. ‘모두 거짓말’, ‘다 가식’이라는 말을 들으니 심장에 우박이 우두둑 떨어지는 기분이었습니다. 억울했습니다. 돈 문제 때문에 스트레스 받을 때, 돈을 반반 내든 번갈아가면서 사든 부담을 느낄 때가 있었지만 괜찮은 척했던 것은 사실이었습니다. 그렇다고 제가 모두 거짓말만 하고 그 친구에게 가식으로 대했던 것은 아닙니다. 이 상황을 겪고 보니 데자뷰 같았습니다. 내가 구남친에게 했던 대사와 너무 흡사했기 때문입니다.

“넌 날 한 번이라도 사랑한 적이 있긴 하니? 넌 날 사랑한 적이 없어.”

“항상 이런 식이지.”

“맨날 거짓말만 하잖아. 또 거짓말이겠지.”

이처럼 ‘일반화’를 하면서 몰아붙였을 때, 그의 기분도 저처럼 억울했을 것입니다. 분명히 한순간쯤은 날 사랑하기도 했을 터이고, 맨날 거짓말이 아니라 참말이 더 많았고, 항상 그런 식은 아니었습니다. 하지만 헤어질 마음을 먹었을 때는 ‘구남친 나쁜 놈, 나는 피해자 프레임’으로 몰고 갔던 것입니다.

‘항상 그런 식, 맨날 그러는 것.’

“넌 항상 나에게 힘이 되어주었다”, “늘 어려울 때 도와주는 고마운 사람이다” 같이 긍정적인 이야기라면 모를까. “넌 항상 치우질 않는다”, “넌 맨날 까먹는다”, “넌 늘 무심하다” 같은 비난들은 ‘항상, 맨날, 매번, 늘’이라는 단정적인 일반화 용어로 인해 더욱 가슴을 후벼 팝니다.

　듣는 입장에서는 억울하기도 하고, 그 말이 사실이 아니라는 것을 입증하기도 구차합니다. "내가 늘 그런 건 아니잖아. 잘할 때도 있잖아" 같은 말을 해 봤자, "뭐 한 번? 두 번? 잘못한 적은 서너 번이 넘었고…"라며 몰아붙이는 말이 나오기에 해명 과정이 더 상처가 되기도 합니다. 오해, 누명, 해명 과정은 오해를 씌우는 입장보다 씌워진 입장에게 상처가 됩니다. 씌우는 사람도 행복한 것은 아닙니다. 그로 인해 불쌍한 피해자 역할을 거머쥘 수는 있지만, 정말로 마음에서 '나만 바보지. 나만 늘 당하고…' 같은 피해 의식이 싹 터, 자기 몫부터 안전하게 챙기고 보려는 못된 이기주의자가 될 수 있습니다. 이미 머릿속에서 '저 사람은 항상 저래'라는 것이 단단히 박히면 그렇게 보입니다.

　미운 놈은 뭘 해도 밉고, 예쁜 사람은 뭘 해도 예쁩니다. 그런데 다른 사람도 아닌 내 애인이 '항상 저러는' 짜증 나는 대상이 되어 버린 것입니다. 자신이 상대방에게 '항상, 늘, 맨날'이라는 말을 붙이며 밉게 보기 시작했다는 사실을 자각하는 것은 쉽지 않습니다. 이미 귀를 닫아 버려서 '항상 그런 것은 아니다'라는 팩트가 있어도 그것은 가볍게 무시하기 때문입니다. 자신의 대화 습관을 다시 한 번 살펴보세요. 혹시 애인이나 가족, 심지어 자기 자신에게 이런 말을 반복하고 있는 건 아닌지요.

다른 것이 아니라 틀린 것?
성격 장애

타인의 다양성 존중을 위해서 '틀린 것이 아니라 다른 것이다'가 강조되곤 합니다. 하지만 다르다는 것이 모두 인정해 줘야 하는 것은 아닙니다. 접시 모양이 모두 동그란 것은 아니며, 네모난 것, 나뭇잎 모양, 기하학적 모양이 있을 수 있지요. 동그랗지 않다고 해서 잘못된 접시는 아닙니다. 하지만 깨지고 금이 간 접시는 다른 게 아니라 잘못된 것입니다. 성격에서도 이처럼 다르다고 다 받아줘야 하는 것이 아니라, 틀린 것이 있습니다. 바로, 성격 장애입니다.

성격 장애에 대해 공부하던 날, 온몸에 소름이 돋았습니다. 구남친, 친했던 친구가 성격 장애가 있다는 사실을 알게 되었기 때문입니다. 그들과 있을 때 내가 마음고생하던 이유가 성격 장애 때문이었다는 사실을 알게 되자, 잃어버린 10년 같은 느낌이었습니다. 어떻게든 맞춰 가면 될 줄 알았는데, 맞출 수 없는 성격도 있던 것입니다.

혼히 강박증, 조울증, 우울증 같은 것들은 어려서부터 이야기를 듣기 때문에 '나도 혹시'라는 생각을 합니다. 조금 기분이 우울하면 '우울증인가 봐'라고 하고, 물건 색과 크기별로 나누며 정리에 민감하면 강박증인가 의심합니다. 하지만 이들 대부분은 '경향'일 뿐 성격 장애가 아닙니다.

성격 장애가 있는 사람을 쉽게 알아볼 수 있을 것이라는 잘못된 인식도 있습니다. 저 역시 반사회성 성격 장애는 또라이 같을 테니 쉽게 알아볼 수 있을 거라 생각했습니다. 하지만 그들이 '나 사이코패스요'라고 티내는 것이 아니기에, 된통 당하고 난 뒤에야 뭔가 이상하다는 것을 알게 되었을 뿐입니다. 고생하고 나서야 후회하지 않으려면 성격 장애에 대해 알아둘 필요가 있습니다.

성격 장애는 크게 A군, B군, C군 세 덩어리로 나뉩니다. A는 폐를 끼친다기보다 혼자 노는 특이한 성격이고, B는 극적이고 파괴적인 성격이고, C는 당사자가 괴로워하는 성격입니다. A군에는 편집증 성격 장애, 분열성 성격 장애, 분열형 성격 장애가 있고, B군에는 반사회성 성격 장애, 연극형 성격 장애, 경계선 성격 장애, 자기애성 성격 장애가 있고, C군에는 강박성 성격 장애, 의존성 성격 장애, 회피성 성격 장애가 있습니다.

아침 건강 프로에서 '이 질병을 조심하세요' 같은 것을 보다 보면 다 내 얘기 같습니다. 성격 장애 역시 특징들을 읽다 보면 다 내 얘기 같거나 지인의 얘기 같을 수 있습니다. 큰 병 아닌가 걱정을 해도 알고 보면 큰 문제가 없듯, 성격 장애도 쉽게 진단이 되는 것은 아닙니다. 성격 장애 진단은 전문가들이 조심스럽게 해야 하는 부분입니다. 따라서 성격 구분에 대해 이야기하는 것보다, 성격 장애에 대해 말하는 것이 훨씬 더 조심스럽습니다. 하지만 자신이나 연애 상대가 성격 장애 경향성이 있거나 성격 장애인 경우에 행복해야 할 좋은 날들을 고통 속에 살게 되기에 성격 장애는 기초적 질병과 같이 알고 있어야 한다고 생각합니다.

A, B, C 순서가 아니라 A, C, B 순서로 보려고 합니다. A군은 애초에 사귀기가 어렵고 쉽게 이상함을 느끼기 때문에 A군 사람 때문에 상처받을 가능성이 그나마 적습니다. C군은 흔하지만 피곤하고 짜증나는 정도에서 그칠 것입니다. 반면 B군은 교묘히 상대를 이용하기에 괴롭습니다.

A군 성격 장애

편집성 성격 장애는 타인을 믿지 못해 모두 자신이 관리해야 속이 시원한 관리 감독자라고 볼 수 있습니다. 타인에 대해 강한 불신과 의심을 가지고 있는데, 연애 상황으로 보자면 의심이 과한 의처증, 의부증 증세를 보일 수 있습니다. 정해진 규칙이나 공정함 등에 민감한데, 공익을 위해서라기보다 자신을 위해 이용하려는 경우가 많습니다. 주차 공간이 텅텅 비어 있더라도 불법으로 주차

된 차를 신고하는 원칙적 사람인 것 같으나, 기껏 남의 차를 신고해 놓고는 자기 차를 그곳에 대는 식입니다. 편집성 성격 장애가 있는 사람들은 법과 규칙을 타인을 통제하고 괴롭히는 용도로 사용하곤 합니다. 남 잘되는 꼴을 못 보는 원칙주의자라고 할까요.

분열성 성격 장애는 극단적 개인주의자로 히키코모리를 떠올릴 수 있습니다. 친밀한 관계 형성에 관심이 없고, 감정 반응이 거의 없습니다. 냉담하고 무심합니다. 혼자서 하는 일에는 능력을 발휘하기도 합니다.

분열형 성격 장애는 정신분열적 스펙트럼 장애라고도 합니다. 앞서 분열'성'과 분열'형'은 한끝 차이이나 큰 차이가 있습니다. 지금은 조현병이라 불리나 정신분열증 증세로 이해하면 쉽습니다. 영화 〈뷰티풀 마인드〉의 교수, 마블 시리즈 〈리전〉의 주인공 데이비드처럼 망각, 환상을 보며 타인과의 관계가 어렵고 사회부적응이 매우 심각합니다.

A군 성격 장애는 자발적으로 자신의 성을 쌓는 기이한 성격으로 볼 수 있는데, 아마도 이들을 만나면 '정말 성격 특이하다'라는 말이 나오고, 관심이 있었어도 사귀기 쉽지 않을 것입니다.

C군 성격 장애

강박성 성격 장애는 강박증과는 다릅니다. 강박 관념, 강박 행동에 빠진 것입니다. 강박성 성격 장애는 세세한 것, 규칙, 스케줄 등에 대한 완벽주의자라 할 수 있습니다. 종종 세부적인 것에 너무 주의를 기울이느라, 계획을 완료하지 못하기도 합니다. 대인 관계에서도 '모든 것이 제대로 돼야 한다'고 자기 방식을 요구하기 때문에 어려움을 겪습니다. 대개 심각하고 엄격하며, 딱딱하고 형식적이거나 융통성이 없는데, 특히 도덕적인 문제에 있어서 그러합니다. 쉽게 말해 찔러도 피 한 방울 안 나올 것 같은 사람으로 보입니다. 이렇게 사는 데 당사자도 스트레스를 받기 때문에, 직접적으로 표현하지 않지만 불안, 분노감을 상당히 느낍니다.

의존성 성격 장애는 이름처럼 의존적인 것으로, 자신의 주관이나 의견을 지우고 다른 사람에게 복종하고 의존합니다. 사소한 결정도 자신이 내리지 않고 누군가의 말을 따릅니다. 지속적으로 의존할 대상이 필요하며, 의존 대상으로부터 버림받을까 봐 두려워 불쾌한 일이 있어도 넘어갑니다. 혼자 있으면 불안하고 무기력해집니다. 그래서 친밀한 관계가 끝나면 다른 대상을 급히 찾습니다. 이런 사람들은 헤어지고 며칠 되지 않아 혼자 있는 것을 견딜 수 없어 다른 사람과 사귄다거나, 사귀면서 불행하다고 느끼면서도 헤어지지 못할 수 있습니다.

회피성 성격 장애는 사회적인 여러 상황을 두려워합니다. 누구나 창피당하거나 비난받고 거부되는 것이 두렵긴 하나 이들은 몹시 두려워하여 미리 방어합니다. 부정적 자아상을 가지고 있고, 위협적인 타인상을 가집니다. 딱딱한 껍질 속에 있는 약한 사람입니다. 차일 것이 두려워 아예 연애를 시도조차 안할 수 있습니다.

C군 성격 장애 경향이 있는 사람을 사귀게 되면 피곤함을 많이

느끼게 될 것입니다. 집착하거나 압박이 심하고 불안감이 크다는 걸 느낄 수 있습니다.

재차 강조하지만, 짧은 서술을 읽고 의심하면서 '내가 성격 장애였다니…'라며 자존감을 끌어내리면 안 됩니다. 프로이트는 정상의 기준을 약간의 히스테리, 약간의 편집증, 약간의 강박증으로 보았습니다. 누구나 문제적 경향을 가지고 있을 수 있습니다.

B군 성격 장애

반사회성 성격 장애는 전혀 공감 능력이 없고 이상할 거라 생각하는데, 자세히 객관적으로 뜯어보지 않으면 알아채기 어렵습니다. 이들은 머리가 좋고 남을 이용하는 데 뛰어나며 거짓말에 능합니다. 거짓말을 잘해 누구든 속일 수 있다고 믿고, 실제로 말을 기가막히게 잘하는 달변가가 많습니다. 이들은 자신이 먼저 치지 않으면 공격받는다는 생각을 하기 때문에, 주위 사람들을 적대적으로 통제하고 이용할 대상으로 봅니다. 부모, 형제, 친구 및 애인도 자신의 성공을 위한 이용 대상으로 봅니다. 월급 200만 원을 받는 형제에게 생활비 250만 원씩을 이유 없이 내놓으라고 하면서도 전혀 미안해하지 않습니다. 자신이 성공해야 나중에 형제자매에게도 콩고물이 있을 터이니 당연한 희생이라고 합니다. 부모에게도 마찬가지입니다. 자신에게 투자해야 나중에 부모도 득을 볼 터이니 집을 사달라거나 사업 자금을 내놓으라고 합니다. 가까운 사람뿐 아니라 주위 누구에게도 이런 식입니다. 사소하게는 같이 수

업 듣는 친구에게 '나중에 시험 문제 요약해서 줄 테니까 네가 필기한 거 우선 보내줘'라고 꼬드겨 자료를 받은 뒤에 모른 체 하는 것부터, 크게는 동업을 권유해 사업 자금과 인력만 취하고 이익은 혼자 취하기도 합니다. 사기꾼들처럼 소액을 투자하면 거액으로 돌려준다는 식인데, 아는 사람이다 보니 이 사람이 반사회성 성격 장애라 자신을 이용하고 사기꾼처럼 홀리는 것이라고 의심하지 못해 당하게 됩니다.

남을 이용하지 않으면 되레 당한다고 생각하기 때문에 타인을 이용하고 뒤통수치는 데 일말의 죄책감도 느끼지 못합니다. 연인 역시 이용 대상일 뿐이며, 이용할 대상이 많을수록 좋기에 바람을 피우는 것에도 당당합니다. 바람을 피운다는 것은 그만큼 능력이 있기 때문이라 생각하고, 자신의 행동으로 인해 상대방이 상처받는 것은 공감하지 못합니다. 공감 능력이 없다는 것은 불쌍한 것에 측은지심을 못 느끼는 것뿐 아니라, 대다수 사람들이 미안함이나 죄책감을 느낄 법한 상황에서도 그런 감정을 못 느낀다는 것도 포함됩니다. 하지만 연인이나 친구로 보면 생각이 다소 다르거나, 미안해하지 않고 요구를 잘하는 당당한 사람 정도로 보일 수 있습니다. 언제 이용할 일이 있을지 모르니 관계를 잘 유지하는 모습도 보입니다. 반사회성 성격 장애인 사람은 잘해 줘도 '역시 내가 조종을 잘해서'라고 생각할 뿐, 진정으로 감사함을 느끼지 않습니다.

이들과 사귀게 되면 그야말로 사귀는 내내 허합니다. 진정으로 친밀한 관계를 맺을 수가 없고, 성적으로 착취를 당하거나 돈이나 도움이나 무엇이든 간에 교묘히 이용당합니다. 이들과 사귀는 것은 불운 중의 불운입니다.

연극성 성격 장애는 자신이 주인공이고 중심이어야 하는 사람입니다. 온라인에서 이야기하는 '관심병자'를 떠올리나, 그렇게 유치하게 관심을 끌지 않습니다. 상대의 호감을 얻기 위해 상대가 좋아하는 것을 기가 막히게 맞추는 사람입니다. 상대의 애정과 관심을 붙들어 놓기 위해 다양한 전략을 사용합니다. 그래서 연극성 성격 장애인 사람은 매력적입니다. 모두의 관심을 끌어야 하기 때문에, 과하게 섹시한 옷차림을 하는 경향도 있습니다. 가슴골, 다리 노출, 몸매 노출을 한다거나 팔뚝, 가슴이 강조되는 옷 등을 입습니다.

또 다른 특징으로는 감수성이 풍부하다 못해 격합니다. 가령 자신이 좋아하는 음식이 있을 때, '우와, 나 진짜 좋아하는데' 정도가 아닙니다. '나 이거 너어어어어어어어어어어어어무 너어어어어어어무 좋아해, 내가 이걸 진짜 좋아하거든' 정도의 아주 격한 표현과 음식 CF에서 볼 법한 표정이 나옵니다. 노래듣다 갑자기 울기도 하고 행복해하기도 하는 등 어떤 상황에서든 연예인들이 쇼프로에서 하듯 격한 리액션을 보입니다. 얼핏 보면 감정이 풍부하고 아는 것도 많고, 관심사도 많아 보이나, 자세히 들여다보면 모두 피상적입니다.

이 유형에 대해 지면을 할애해 자세히 기술하는 이유는 이들이 연애 훼방꾼이기 때문입니다. 연극성 성격 장애자는 '저 사람이 약혼한 사람이 있더라도, 사람이 괜찮고 그래서 내가 꼬셔 보려고…' 같은 생각을 합니다. 보통의 사람들은 상대가 매력적이어도 약혼한 사람이 있거나 기혼자이면 마음을 접는데, 연극성 성격 장애자는 그래서 도전합니다. '모든 사람의 관심'을 받아야 되기 때문에 애인이 있는 사람, 결혼한 사람이 자신이 아닌 다른 사람을 좋아하는 꼴도 못 보는 것입니다. 친구의 애인도 예외는 아닙니다. 또한 사람들이 자신을 제일 좋아해야 직성이 풀려 인간관계를 조각냅니다. 이 역시 교묘하기 때문에 당하는 사람은 쉬이 알아채기가 힘듭니다.

연극성 성격 장애자는 상대방과 원래 실제 관계보다 훨씬 친밀하다고 느낍니다. 하지만 보통의 사람은 '나 저 사람이랑 친해, 저 사람이 나한테 잘해줬어'라는 얘기가 망상에서 나온 거라고 상상조차 못하기 때문에, 그런 이야기를 듣다 보면 '저 사람이 나한테는 안 그러더니 쟤한테는 다르게 대하는군' 하는 생각이 들어 섭섭할 수 있습니다.

또한 연극성 성격 장애자는 자신의 친구가 다른 친구를 사귀는 것을 보지 못합니다. 자신이 여럿과 사귀는 것은 괜찮지만 친구들은 자신에게만 의지하고 다른 사람과 친해지지 않길 바랍니다. 연극성 성격 장애인 사람이 친구이거나 연인이면 인간관계가 암울해집니다.

경계선 성격 장애는 반사회성 성격 장애와 연극성 성격 장애처럼 교묘하게 당하는 기분은 아닙니다. 하지만 무섭습니다. 이 사람이 무슨 짓을 할지 몰라 두렵고 섬뜩한 느낌을 받기 쉽습니다. 경계선 성격 장애에 대한 기가 막힌 비유로 '놀이공원에서 혼자 엄마를 기다리는 어린아이의 심정'이라고 합니다. 얼마나 불안하고 괴로울까요. 혹시나 자신을 버릴까 봐 필사적으로 매달립니다. 심리적으로 매우 불안정해서, 상대를 극단적으로 좋아하다가 싫어합니다. 예를 들어 어떤 교수님을 좋아한다면 '그 교수님은 진짜 최고 같아, 완전 천재야, 진짜 멋있어'라며 신격화하다가, 어느 날 갑자기 '쓰레기, 그딴 게 교수라니' 하면서 평가 절하합니다.

이 사람들은 버림받는 것이 두렵고, 우울증과 공허함을 크게 느낍니다. 이 때문에 갑자기 성질을 냈다가 새벽에 연락해 사과를 하거나, 자해를 한다거나 위협적인 행동을 합니다. 당사자는 참으로 고통스러운 성격 장애인데, 연애 상황에서 보자면 쉽게 뭔가 이상하다는 것을 눈치 챌 수 있기 때문에 뒤통수 맞는 느낌은 들지 않습니다. 되레 안타까워서 감싸 안아주고 싶을 수도 있습니다.

자기애성 성격 장애는 자신을 과대평가하는 사람입니다. 특권 의식이 있어 오만합니다. 타인을 무시하고 자기중심적으로 행동하며, 공감 능력이 결여되어 있습니다. 쉽게 분노하거나 우울해하기도 하는데, 업무적으로 성공한 사람들에게 종종 보이는 특징이기도 합니다. 일할 때 상사가 자기애성 성격 장애이면, 자신만 잘났다고 생각해서 부하의 의견 따위는 듣지 않으며 모든 공을 독차지하는 경향도 있을 수 있습니다. 이보다 더 무서운 것은 연애 상황에서 자기애성 성격 장애인 사람은 자신이 갖지 못하면 남도 갖지 못하게 하는 파괴적 성향을 보일 수 있다는 것입니다. 그들은 자신이 거절당했다는 것을 받아들일 수 없다고 합니다.

　반사회성 성격 장애, 연극성 성격 장애, 자기애성 성격 장애가 있는 사람들은 연인의 고마움을 느끼지 못하고, '자신이 매력적이라서', '자신이 잘 조종했기 때문에' 연인이 잘하는 거라고 착각을 합니다. 즉 열심히 맞춰 준다고 알아주는 사람들이 아닙니다. 어느 날 못 견디겠다고 힘들다고 이야기를 해도 공감 능력이 없는 사람들이라 '왜 그러나' 할 뿐입니다. 다만 타인 통제 능력이 출중해서 달콤하고 술술 넘어가는 말로 마음을 달래주기는 할 수도 있습니다.

　성격 장애를 어떻게 알 수 있을까요? 성격 장애 진단은 말 그대로 '진단'입니다. 몸이 어디 안 좋은 것 같아 보여서 "병원에 한번 가 봐"라고 하면 큰 병이 발견될까 봐 두려워 못 가는 사람들이 많듯, 혹시라도 성격 장애 진단이 나올까 두려워 절대 거부하는 사람이 태반입니다. 이보다는 가볍게 성격 검사, 기질 검사를 통해 알아볼 수 있습니다. 지금껏 성격을 구분하지 않고 이야기했는데, 심리학에서 성격은 인성(personality)이라고 보며, 타고난 기질(temperament)과 살면서 만들어지는 성격(character)으로 나눠서 봅니다. "성질은 더러운데 성격은 좋아" 같은 농담이 사실이었던 것입니다. 타고난 기질은 쉬이 변하지 않으나, 성격은 사회 환경이나 여러 요인에 의해 변할 수 있다고 봅니다. 이 중 기질 검사를 통해 성격 장애 경향성이 있는지 확인할 수 있습니다.

하지만 성격 검사, 기질 검사를 받아 보는 것이 현실적으로 쉽지 않을 수도 있습니다. 좀 더 현실적인 것은 인간관계에서 약간의 거리두기를 해 보는 것입니다. 심리학에서 연구자가 관찰 연구를 할 때는, 사실과 의견을 구분하는 훈련을 자주 받습니다. 관찰한 것을 적을 때 '이러는 것을 보니 이런 것 같다'라고 적으면 안 됩니다. 그건 내 의견이지 실제 그 사람의 행동이 아니기 때문입니다. 정확하게 그 사람이 한 것만 기술해야 합니다. '장난이라며 때리고, 멍이 들었지만 미안하다고 사과하지 않았다'가 사실이고, '타인이 멍들고 아파하는 것에 공감 못하는 것 같다'는 내 의견인 것입니다. 거리두기를 하며 사실만 정리해서 봤을 때 이상하다면, 그때 의심해도 늦지 않습니다.

우리는 의사가 아니지만, 어떤 증상이 중병의 징후인지는 어렴풋이 알아두고 싶습니다. 어떤 증상이 있으면 중병이 아닌지 의심하고, 예방하려고 합니다. 성격 장애도 마찬가지입니다. 아무나 보고 '성격 장애 아닌가' 의심하며 살아서는 안 됩니다. 하지만 상대방의 행동을 객관적으로 보면서 이상함을 느낄 때는 민감하게 반응할 필요가 있습니다. 나도 모르는 사이 발암 물질이 들어간 음식, 유전자 조작 식품, 환경 호르몬이 나오는 음식을 먹는 것보다, 성격 장애가 있는 사람 옆에 있어서 내 마음이 이토록 힘든 줄도 모르고 마음고생하는 것이 더 해롭습니다.

실연의 아픔에서 벗어나는 법

잘 헤어졌든 아니든 간에 가까웠던 사람을 잃는 것은 고통스러운 일입니다. 헤어진 사람을 잊으려면 어떻게 해야 될까요. 그동안은 뾰족한 답을 찾을 수 없어 결국 시간뿐이라는 선문답을 했습니다. '알레르기성 비염에는 약이 없어요', '감기는 쉬는 것뿐이에요'만큼이나 답답한 답이지만 뾰족한 수가 없어 그러려니 했습니다. 지난 수년간 연구와 저 스스로 임상 실험을 해 보니, 이별 극복에 꽤 효율적인 몇 가지 방법이 있습니다.

첫째로는 점화 효과를 피하는 것입니다. 점화(priming)는 어떠한 것이 자극이 되어 떠오르게 만드는 것입니다. 박사 생활 동안 동기 덕분에 무척 행복했습니다. 자투리 시간과 휴강이면 신이 나 인근 탐방을 다녔습니다. 그래서였을까요. 박사 과정 수료하고 제가 수업을 자주 땡땡이치던 시절에는 동기에게 연락이 자주 왔었습니다. 학교 오라고, 내가 없어 외롭다고. 반대로 동기가 바빠서 학교에 못 나오고 제가 학교에 개근하자, 갈 때마다 동기가 보고 싶었습니다. 절정을 이룬 것은 계동 골목길에 갔을 때였습니다. 처음 계동 골목에 가봤던 것이 동기와 함께였고, 오랜만에 계동에 가서 동기가 기다리며 공부하고 있던 카페를 보자 추억이 떠올랐습니다. 저 혼자 절절히 그리워져 보고 싶다 연락을 해도 동기는 바빴습니다. 어쩌면 왜 내가 이렇게 유난스럽게 보고 싶다고 하는지 의아해했을지도 모릅니다.

남녀 관계도 마찬가지입니다. 헤어지고 나서 그 사람과 함께 다니던 곳, 추억이 많은 곳을 찾아가며 '혼자' 그리움이 복받치는 것입니다. 자신이 그리우니 '너도 나와 같다면…' 같은 생각을 하고, 드라마처럼 텔레파시가 통할 거라는 희망을 품지만 그것은 착각일 뿐입니다.

이별 극복의 두 번째 방법은 잊기 위해 애쓰지 말고 전력을 다해 그리워하는 것입니다. '코끼리를 떠올리지 마'라고 하면 머릿속에 코끼리만 떠오릅니다. 이와 같이 '잊어야 돼. 생각하면 안 돼. 생각하면 안 돼'라고 되뇔수록 계속 생각이 납니다. 반대로 계속해서 그 생각만 하고 미친 사람처럼 보내면 어느 순간 '이러다 내가 죽겠구나' 또는 '이러다 회사 짤리겠다' 같은 현실적인 절벽에 부딪힙니다. 이 정도 했으니 그만하자는 타협이 가능해집니다. 더 이상은 못하겠고 할 만큼 했다는 생각도 드는 것입니다. 헤어지고 다시 사귀고 싶어서 매일 찾아간다거나, 죽겠다고 협박도 해 보고, 할 수 있는 것은 다 해 보는 사람들은 되레 이별 극복이 빠릅니다.

반대로 이 악물면서 잊으려고 참아내는 사람은 미련이 남습니다. 아직 안 해 봤으니까요. '혹시 내가 그때 붙잡았으면 달라졌을까', '지금이라도 연락해 볼까', '죽는다고 했으면 돌아왔을까' 같은 가지 않은 길들에 대한 생각들이 자꾸 괴롭힙니다.

심리학에서는 '지각'을 매우 중요하게 생각합니다. 이를테면 회사의 절차가 공정한지 아닌지보다 개개인이 '지각된 공정성'을 어떻게 느끼느냐가 더 중요하고, 상사가 부하에게 잘해 준 것보다 부하가 '지각하는 상사'가 더 중요합니다. 상사 딴에는 잘해 준다고 해 줬는데, 부하 입장에서는 귀찮고 피곤했다면 리더십 활동은 실패한 것입니다. 연애와 이별의 장면에서도 어떻게 지각하느냐가 정말 중요합니다. 남이 봤을 때 정말 잘했다고 하는 것은 소용이 없습니다. 자신이 지각하기에 '이 정도면 할 만큼 했다' 또는 '제대로 한 것이 없다'라고 직접 느끼는 부분이 중요합니다.

이별 후에 후회하는 사람들이 하는 공통적인 말이 있습니다. '잘해 줄걸. 더 해 주지 못한 게 미안하다'입니다. 반면 할 만큼 했다고 지각하는 사람은 후회하지 않습니다. '이 정도로 했는데 잘 헤어진 거겠죠?'라고 확신을 하고 싶어 할 뿐입니다.

기왕이면 연애하는 도중에 최선을 다하는 것이 지혜로운 일이나, 연애할 때 할 만큼 하지 못했다면, 헤어지고 힘들 때라도 할 수 있는 것은 다 해 보는 것이 극복을 위해서는 낫습니다. 미친 거 같다고 느껴질 때까지 그리움에 매몰되어 그리워하고, 탈진할 때까지 그리워하면 진이 빠져서도 더는 못합니다.

세 번째 방법은 낯선 사람을 만나는 것입니다. 우울할 때 친한 친구를 만나면, 무장 해제 상태로 우울함을 쏟아놓게 됩니다. 그 과정에서 위안을 받기도 하나, 인상 관리를 하며 밝은 척을 하기는 어렵습니다. 그래서 때로는 내 상황을 너무 잘 아는 편하고 좋은 사람을 만나는 것이 우울함을 덜어주는 데 도움이 되지 않을 수도 있습니다. "내 상황 잘 알잖아. 미치겠어. 너무 힘들어"로 시작된 넋두리, 성토대회 같은 것이 되니까요.

우울할 때는 내키지 않더라도 새로운 사람이나 애매한 사이의 사람을 만나는 것이 기분 전환에 도움이 되었습니다. 1년에 한 번 만나는 동창에게 '내가 요즘 우울해서 미칠 것 같아'라는 넋두리보다는 신나게 웃으며 좋은 이야기들을 주고받게 되어서입니다. 친한 사람을 만나면 내 얘기가 나오지만, 덜 친한 사람과는 서로 재미난 이야기를 합니다. 우울한 감정에 계속 머무르는 것보다 계속 스스로 환기를 시켜주는 시간이 필요합니다.

힘든 기억이 좋은 기억보다 강력하다

연말이 되면 올 한해는 또 어떻게 보냈나 돌아보게 됩니다. 강렬하게 떠오르는 것은 나를 괴롭혔던 여러 가지 사건들입니다. 뭐이런가, 정말 좋은 일이라고는 없었나? 곰곰이 생각하다 보니 좋은 일들도 수두룩합니다. 그런데도 어째서 괴로운 일들만 먼저 떠올리는 걸까요? 이것은 연애에도 극명하게 나타납니다. 힘든 것이 먼저 떠오르는 것입니다.

　저는 구남친과의 연애의 끔찍함에 대해 책도 썼습니다. 전작인 『우라질 연애질』(RHK, 2012)과 『지속가능한 연애질』(웅진씽크빅, 2013)에서도 틈틈이 구남친과의 연애에서 힘들었던 점을 이야기했고, 『여자, 서른』에서는 프롤로그부터 구남친을 대차게 까며 억울함을 호소했습니다. 정말로 구남친이 못되기 짝이 없는 인간이었을까요? 7년을 참을 만큼 제가 참을성이 좋은 사람이 아니므로, 중간 중간 괜찮은 날도 많았을 것입니다. 다만, 수많은 좋은 것들은 나쁜 사건 몇 개에 쉽게 묻혔습니다. 잘한 일에 대해서는 더 이상 떠올리지 않았지만 나를 능멸한 일은 생생히 떠올렸습니다. 그와 헤어진 지 10년이 다 되어 가는데도 마치 어제 일처럼 생생합니다.

어쩜 이렇게 안 좋은 기억은 생생할까요. 너무 충격적이었기 때문일까요? 처음 만날 때 매일같이 장미 한 송이씩을 선물해 주어서 박스로 하나 가득 장미꽃을 모았던 일, 내가 끝나는 시간에 맞춰 데리러 온 수많은 날, 같이 영화도 보고 놀며 재미있던 날들도 꽤 많았을 텐데, 그런 기억들은 흐릿하고 안 좋은 일들만 참으로 생생합니다.

달콤했던 순간보다 상처받고 아팠던 순간, 좋았던 일보다 잊고 싶은 힘든 일이 더 생생한 이 슬픈 현상을 '부정성 효과(negativity effect)'라고 합니다. 긍정적인 것보다 부정적인 것에 더욱 큰 가중치를 주는 것입니다. 비단 연애뿐 아니라 물건 살 때, 사람에 대해 이야기 들을 때에도 장점 7가지보다 단점 3가지가 더 크게 들어옵니다. 부정성 효과가 나타나는 이유는 사람이 자신이 얻을 이익(긍정적인 것)보다 손해(부정적인 것)에 더 민감하기 때문이라고도 하고, 생존을 위한 오랜 습성이라고도 합니다.

좋은 일은 생명에 위협이 되지 않기 때문에 민감하게 반응하고 기억할 필요가 없지만, 나쁜 일은 생명에 위협이 될 수 있기 때문에 민감히 대처해야 할 필요가 있었다는 것입니다. 예를 들어, 자신이 돌을 던져서 사슴을 잡았던 사실을 잊더라도 자신에게 죽을 일이 생기지는 않습니다. 하지만 사슴에게 정면으로 다가갔다가 뿔에 들이받혀서 피를 철철 흘렸다는 것을 잊어버리면, 다음에 또 위험에 처할 수도 있습니다. 그래서 인간은 고대로부터 내려온 생존 본능 때문에 나쁜 일을 더 잘 기억한다고도 합니다. 연애에서 힘든 일이 더 생생한 이유도 안 좋았던 경험을 잘 기억해두었다가 다음에 똑같은 상처를 입고 싶지 않은 방어 본능이 발동한 것뿐일 수도 있습니다.

유독 안 좋은 일들, 연애하며 힘들었던 것들이 생생한 것은 '기억의 매듭' 때문이라고 볼 수도 있습니다. 좋고 나쁨을 떠나 곰곰이 고민하고 시간을 들여 신경을 쓴 것들은 기억에 매듭이 남습니다. 흔히 사람은 기분이 좋을 때는 대충 대충 간편 처리를 하지만, 기분이 나쁘면 꼼꼼히 세부 처리를 하는 뇌구조를 갖고 있습니다. 예를 들어 우연히 만난 사람이 첫눈에 나에게 반했다고 합니다. 왜 반했을지 조금 궁금하기는 하지만, 왜 내게 이런 일이 생겼는지 밤을 꼴딱 세워 가며 골똘히 생각할 리 없습니다. 그냥 좋을 뿐. 하지만 나한테 반했다던 사람과 사귀는 듯한 분위기였는데 갑자기 연락이 끊겨 신경이 쓰인다면, 왜 이런 일이 생겼는지 고민할 것입니다. 이전에 연락하다가 연락 끊겨서 마음고생했던 인연들까지 다 떠오르며, 내 연애는 늘 이런 식이라고 자책까지 할지도 모릅니다.

연애할 때 좋았던 날들은 기분이 좋았고, 기분이 좋으니 '왜 내가 기분이 좋지?'라거나 '왜 내가 행복하지?' 같은 생각을 골똘히 하지 않습니다. 그러니 좋았지만 기억의 매듭이 없습니다. 반면 안 좋았던 날은 대체 왜 싸운 건지, 왜 자꾸 툴툴거렸는지 정말 골똘하며 고민했기 때문에 기억의 매듭도 단단히 남아 있습니다. 이러니 연애의 좋은 날은 별로 기억이 안 나고, 나쁜 기억들은 생생하고 크고 강렬하여, 연애는 힘들었던 것이 됩니다. 기억이 장난치는 악의적 편집입니다.

연애 번아웃, 스트레스보다
자유에 집중할 것

스마트폰 배터리가 10퍼센트 남았을 때, 단톡방의 쓸데없는 수다가 얄밉습니다. 계속 알림 팝업이 떠서 보면 별 내용도 아닌데 계속 수다를 떨며 화면이 켜지게 만들어서 얼마 안 남은 배터리를 쭉쭉 닳게 만듭니다. 이럴 때는 친구가 말 거는 것도 달갑지 않습니다. 사람도 그렇습니다. 심리적 배터리가 간당간당할 때는 대인관계가 참 힘듭니다. 나 혼자의 감정을 처리할 정도의 힘은 있는데, 남의 감정을 수용하고 충돌하며 뭔가 하기에는 기력이 없습니다. 그냥 혼자 놀면 꽤 오래 버틸 수 있는데, 사람과의 관계에 기력을 쏟으면 이내 배터리가 방전되고 맙니다.

이럴 때면 어느 정도 충전이 될 때까지 혼자 지내는 것이 지혜입니다. 사람은 사람으로 채워진다며 등을 떠밀지만, 글쎄요. 몸이 안 좋을 때 침을 맞거나 영양제를 맞으면 도움이 되는 것 같은데, 너무 기력이 없을 때는 침이나 주사도 맞지 말라고 합니다. 치료를 감당할 정도의 기력도 없을 때는 그것이 독이 될 수도 있다고요. 예방 주사는 균을 조금 넣어 맛보기로 싸워 보게 하는 일인데, 몸이 엉망일 때 예방 주사 균까지 집어넣는 것은 독이 됩니다. 소진 상태에서는 충전에 힘쓰는 것이 낫습니다.

심리학에서 말하는 소진(번아웃, Burn Out)은 과도한 업무나 학업에 지쳐 자기 혐오감, 무기력증, 불만, 비관, 무관심 등이 극도로 커진 상태를 뜻합니다. 소진의 사전적 정의인 '차차 줄어들어 없어지는 것', '다 써서 없어지는 것'에서 알 수 있듯이 의욕도, 일을 해나가려는 동기도 잃어버린 극단적인 스트레스 상태를 말합니다. 소진 상태는 일반적인 스트레스 해소법으로는 해결되지 않습니다.

한국의 직장인 88.6퍼센트가 번아웃에 시달리고 있다고 합니다. 번아웃이 나타나면 의욕이 없습니다. 늘 피곤하고, 아무것도 하고 싶지 않고, 우울합니다. 연애할 의욕마저 없어서 불감증이거나 이상한 것 아닐까 하는 염려가 들 수 있습니다. 하지만 그에 앞서 학업, 과업에 늘 치여 있고 30분이라도 늘어져 있으면 죄책감을 느끼게 되는 한국 풍토에서 번아웃이 아닌지부터 확인해 보아야 합니다.

한국인 90퍼센트에 가까운 사람들이 번아웃에 시달린다면 뭔가 대책이 있어야 할 것 같지만, 현실은 까마득합니다. 병원에 치료받으러 갈 여유도 없는데, 시간 내어 심리 상담을 받기는 더 어렵습니다. 설령 시간이 난다 해도 정말로 아무것도 하기 싫습니다. 학습된 무기력과 번아웃이 무서운 이유는 스스로를 치유할 힘조차 남아 있지 않기 때문입니다.

이런 상태에 대해 뉴턴 박사가 제안한 원론적 방법 세 가지가 있습니다. 문제 중심 해결, 평가 중심 해결, 사회적 지지입니다. 사회적 지지는 말 그대로 주변에서 도와주라는 것입니다. 번아웃 탈출에 가장 효과적이나 혼자 할 수는 없는 것입니다. 주위에서 '괜찮다', '잘하고 있다', '너무 애쓰지 마라', '너는 충분히 하고 있다', '너무 무리하지 마라' 같은 이야기를 하며, 그렇게까지 아등바등 살지 않아도 충분히 괜찮다는 이야기를 해주는 것이 큰 도움이 됩니다. 아직 자신에게 남을 도울 수 있는 여력이 있다면, 번아웃에 시달리는 동료를 도와주는 은혜를 베풀 수 있을 것입니다. 하지만 내가 소진되었을 때 사회적 지지를 받을 수 있을지는 미지수입니다.

문제 중심 해결(problem-based coping)은 그나마 자신이 할 수 있는 것으로, 스트레스 원인을 없애라는 것입니다. 회사 다니는 것 때문에 너무 힘들다면 퇴사도 극단적 처방이 될 수 있고, 결혼 생활 때문에 너무 힘들면 이별이 처방이 될 수 있습니다. 가장 원론적인 방법이나 현실적으로는 어려울 때가 많습니다. 퇴사하면 다음 달 카드 값은 어쩌라고! 이혼하면 애들은 어쩌고?

마지막으로 보다 현실적인 것이 평가 중심 해결(appraisal-based

coping)입니다. 스트레스 주는 것에 대한 평가를 바꾸는 것입니다. 이는 제가 책 전반에 걸쳐 계속 이야기하는 '생각을 바꾸는' 방법입니다. 회사 일을 완벽하게 하려고 애쓰는 이유는 무얼까요? 회사 일을 완벽하게 함으로써 자신이 능력 있는 사람이라는 것을 인정받고 싶거나, 돈을 더 벌고 싶거나, 잘릴 위험을 줄여 미래를 대비하고 싶은 것 등 여러 이유가 있을 것입니다. 이에 대해 생각해보노라면, 일을 완벽하게 하는 것이 최선의 해법이 아님을 알게 됩니다. 돈을 더 벌고 싶으면 부업을 하거나 다른 일을 하는 게 더 효과적일 수도 있고, 짤릴 위험을 줄이고 싶으면 사기업이 아니라 정년이 보장되는 곳으로 이직하는 것이 나을 수도 있습니다.

현재 하고 있는 일이 생각보다 정말 중요하거나 가치 있는 일이 아니라는 생각이 들면 마음이 다소 편해집니다. 예를 들어 결혼 생활에서 착한 며느리 역할을 하느라 진이 빠져 버렸다면, 무엇 때문에 시어머니에게 잘 보이려 하고 시어머니에게 잡혀 지내는지에 대해 생각해 보는 것입니다. 시어머니가 재산이 많아서 잘 보여서 물려받아야 된다는 경제적 이유일 수도 있고, 어른에게 말대답을 해서 싸가지 없다는 소리를 듣는 것이 싫기 때문일 수도 있고, 시어머니가 성질을 내면 남편과 헤어지게 될까 봐 두려워서일 수도 있습니다. 요약하자면 남편을 잃을까 봐 또는 내 이미지가 나빠지기 때문인데, '그게 그렇게 중요한가'라고 되물어보면 그렇지도 않습니다. 시어머니 때문에 이혼할 남편이라면 그 또한 정상적인 관계는 아닐 것입니다. 이런 식으로 문제를 생각해 보며 생각보다 대수롭지 않은 일을 중요하게 여기고 있었다는 것을 깨달아 가는 것입니다.

완벽하게 하려고 아등바등해봤자 소용없다는 것도 번아웃 상태에서는 되새길 필요가 있는 말입니다. 핀란드 노동위생연구소에서는 15년간 실험을 진행했습니다. 심혈관 질환을 앓고 있는 40대 관리직 1,200명을 두 그룹으로 나눠 실험을 했는데, A집단 600명에게는 술과 담배를 끊고 소금과 설탕을 줄이도록 하면서 운동을 권했습니다. 정기 검진을 통해 개개인에게 필요한 처방도 내렸습니다. B집단 600명에게는 별말없이 평소대로 생활하도록 했습니다.

• A집단_ 금연, 금주, 철저한 식이 통제, 운동, 치료
• B집단_ 그냥 살던 대로 삶

15년 뒤 누가 더 건강해졌을까요? A집단이 건강해졌다는, 뻔한 결과였다면 연구 결과에 따른 '핀란드 증후군'이라는 말이 나오지 않았을 것입니다. 상식과 달리 제멋대로 생활한 B집단이 심혈관계 수치가 더 좋아졌습니다. 심지어 성인병, 사망률, 자살률도 낮았습니다. A집단 참가자들은 실험 결과에 상당히 억울할 수 있습니다. 무려 15년간이나 술담배 끊고, 식이 조절하고 노력했는데 되레 제멋대로 산 사람들보다 좋지 않다니요!

전문가들은 이와 같은 현상이 나타난 이유에 대해, 좋아하는 것

을 억누른 스트레스가 되레 악영향을 미쳤기 때문이라고 보았습니다. 술 마시지 말라고 하고, 식이 조절하며 짠 거 단 거 못 먹게 하고, 하고 싶은데 꾹 참는 스트레스가 더 컸을 것이란 추측입니다. 다른 추측으로는 A집단이 전문적으로 치료를 받았는데 약이나 시술의 부작용이 더 컸던 것 아니냐는 의견도 있고, 너무 위생을 강조하다 면역력이 떨어진 것 아니냐는 의견도 있었습니다. 치료의 부차적 효과나 면역력 문제는 여전히 논쟁이 남아있으나, 속 편히 사는 게 건강에 도움이 된다는 것은 여러 사례에서도 반복적으로 나타났습니다.

일본 장수 마을, 한국 장수촌 등에 찾아가서 정정하게 백수를 누리시는 어르신들을 취재한 결과를 보면 대부분 '운동 안 해', '담배 피는데?', '아무거나 나 먹고 싶은 거 먹어' 같은 답을 하십니다. 맥 빠진 취재진은 애써서 '그 지역의 물이 좋아서이다', '공기가 좋아서이다', '요구르트를 많이 먹는다' 같은 장수 비결을 짜내어 오지만, 공통 요인은 '자기 하고 싶은 대로 편히 사는 것'임에 분명합니다. 핀란드 증후군의 교훈을 한 줄로 저렴하게 표현하면 '네 꼴리는 대로 살아라'입니다. 건강뿐 아니라 다른 문제도 너무 심각하게 생각하지 말고, 가볍게, 마음 가는 대로 편히 살라는 것입니다.

연애도 하기 싫으면 하지 말고, 하고 싶으면 그냥 하면 됩니다. 별로 하고 싶지는 않지만 눈치가 보여서, 한 번에 성공하고 싶어서 스트레스를 받노라면 잘 될 일도 어렵습니다.

모태솔로 기간이 긴 사람들은 실패를 두려워하는 경향이 있기도 합니다. 원샷 원킬처럼 한 번 사귀어서 결혼까지 하고 싶어 합니다. 신중하고 좋은 태도일 수 있습니다. 하지만 패션왕이 되는 것도 이웃 저옷 입어 보며 자신의 스타일을 찾아야 되는 것이지, 단 한 벌 입어 보고 자신에게 어울리는 스타일을 알아낼 수는 없습니다. 인생 헤어 스타일도 그렇습니다. 머리 스타일 바꾸어서 대박 난 연예인들이라 하여 고준희, 서인영 등이 소개됩니다. 그들은 이 머리도 해 보고 저 머리도 하다 보니, 그 중에 가장 살 어울리는 머리 유형을 찾아낸 것이지, 늘 긴머리로 있고 아무것도 시도하지 않았으면 인생 헤어 스타일을 찾지 못했을 것입니다.

'해 보고 아님 말지', '아님 말고'처럼 사귀어 보고 아니면 마는 겁니다. 거절하는 게 미안하다거나, 내가 상처받는 게 싫어서, 사귀었는데 안 맞는 사람이면 서로 안 좋을 것 같아서 등의 이유는 잠시 접어둘 필요가 있습니다. 사람도 만나 봐야 어떤 사람이 잘 맞는지 알게 됩니다. 달리 말하면 여러 사람을 만날수록 사람의 특성이 뚜렷해집니다.

'결혼할 기 아니면 안 만난다', '사귈 거 아니면 안 만난다' 이것은 계약할 거 아니면 안 만난다며 영업도 안 하는 것입니다. 당장 계약을 따내지 못해도, 여기저기 홍보를 하며 일단 들어봐달라고 해야 계약 한 건이 성사될까 말까 합니다. 계약할 것이 아니면 일부러 시간 내서 찾아가지 않겠다며 배짱부리다가는 망합니다.

나이를 먹어가면서 생기는 가장 큰 축복은 무뎌지는 것입니다. 별일이었던 것이 별일 아니게 됩니다. 어릴 적에는 친구와 다투고 나면 잠이 안 오고 세상이 무너지는 것 같았으나, 나이를 먹노라면 대수롭지 않게 여겨지는 것들이 많아집니다. 별것 아니라고 느껴지는 것입니다.

더 확장하여 우주적 관점으로 보면 화낼 일이 없다는 말도 합니다. 우리는 거대한 은하계의 점 같은 존재인데 뭘 그리 아등바등하나요. 그리 멀리 가지 않더라도 우리 인생은 꽤 길고, 우리에게는 감사한 '망각' 기능이 장착되어 있습니다. 혹여 남의 시선이 걱정이라면 더욱 무심해도 됩니다. 사람들은 남에게 큰 관심이 없습니다. 저의 무대 공포증이 줄어든 이유 중 하나가 '어차피 듣는 사람 없다', '어차피 기억도 안 한다', '별로 관심 없다'는 사실 덕분이었습니다. 5년 전에 제가 가야금 연주회에서 실수했다는 것을 기억하는 사람이 있을까요? 실수를 무척 많이 하고, 얼굴이 시뻘개졌던 것을 기억하는 이는 없습니다. 저도 그런 기억은 치운 지 오래입니다. 사진만 근사하게 남아 있는데, 그걸로 프로필 사진을 썼더니 가야금 연주 잘하는 줄 아는 사람도 많습니다. 그보다 중요한 것은 '했다'입니다. 연주회에서 망쳐서 진땀 흘렸어도 그건 중요치 않고, '내가 가야금 배우는데 연주회도 했어'가 중요합니다.

흑역사, 삽질, 어리버리했던 것들, 다 기억하지 못합니다. 보통은 자기 자신에 대한 것을 기억하느라 남의 일은 신경 쓸 겨를이 없습니다. 사람들은 나에게 큰 관심이 없습니다. 그러니 남의 눈 신경 쓰며 연애 경험에 걱정을 할 필요가 없습니다. 일관성 있게 갑시다. 사람들은 나에게 별 관심이 없습니다.

PART 6

본의 아니게 연애 공백기?
나를 돌볼 시간

문득 든 의문,
연애를 꼭 해야만 하나?

행복할 때는 연애가 주는 기쁨이 어쩌고저쩌고 할 수 있지만, 인간관계에 치이고 애인까지 피곤하게 굴 때, 그에 앞서 인연 찾기가 힘들 때는 '연애 꼭 해야 하나' 하는 생각이 듭니다. 연애와 결혼은 반드시 해야 한다고 생각하며 20여년 가까이 연애질 탐구를 해온 저 같은 사람도 이러니, 애초에 연애에 시큰둥한 사람들은 연애의 필요성 자체에 대한 의문이 더 크지 않을까 싶습니다.

　어느 날, 치과 원장님과 상담을 하다가 책 이야기, 사는 이야기로 주제가 넘어갔습니다. "결혼은 왜 아직 안하세요?" 같은 질문을 하셨는데, 문득 궁금했습니다. 이때쯤 저는 이미 결혼에 대한 생각이 매우 희미해진 때였습니다. 결혼을 안 하니 명절이 다가오면 연휴를 온전히 혼자 쉴 수 있다는 생각에 극도로 들떠 있었고,

예전에는 내키지 않아도 시댁 가서 아양도 떨고 잘 맞춰가며 살리라는 생각이 있었는데 이제는 그마저 귀찮다는 생각뿐이었습니다. 지금처럼 아무것도 안 하면 편하고 좋은 것을. 저는 명절이 되면 〈왕좌의 게임〉 전편을 내리 볼 수도 있고, 혼자 장을 봐서 랍스터를 쪄 먹고, 각종 먹거리들을 쌓아 놓고 신나게 먹습니다. 결혼의 픽요에 대해 의문을 내비치자 원장님은 사뭇 진지하게 말을 하셨습니다. 그 중 죽음에 관한 이야기가 가슴을 파고들었습니다.

"어릴 때는 서른이 되면 죽을 거 같고, 그냥 학교 다니고 할 때는 이렇게 살다가 죽을 것 같은 느낌 같은 게 있었거든요. 그런데 결혼을 하고, 나를 필요로 하는 사람이 생기니까 사는 의미가 달라져요. 아이가 생기니까 이렇게 인류가 이어져 가는구나 하는 생각도 들고."

혼자 있는 것, 혼자 사는 것. 어느 순간이 되자 사는 목표가 희미해졌습니다. 종군 기자의 실화를 그린 영화 〈위스키 탱고 폭스트롯〉에서 종군 기자를 뽑기 위해 회의실에 미혼과 자녀가 없는 사람들을 부릅니다. 그 중 킴 베이커는 나이가 사십이 넘은 미혼녀인데, 제일 먼저 그녀에게 "지원할 거지?"라며 묻습니다. 분위기 상 '나이 많고 미혼이라 남편도 없고 애도 없으니 죽어도 되잖아' 같은 것이었습니다. 나이 많은 미혼은 죽어도 되냐고 따지고 싶기보다, 분명 사람들이 생각하듯 흐릿한 것이 있었습니다. 죽으면 부모님이 슬퍼하실 것 같아 걱정은 되지만, 책임져야 될 불쌍한 사람은 없기 때문에 사는 것에 대한 끈이 얇아 보입니다.

중병에 걸렸을 때, 엄마들은 어떻게든 이기고 살아나는데 미혼들은 그런 의지가 약하다고 합니다. 우리 엄마만 해도 제가 중학생 시절 대장암으로 고생을 하셨고, 큰 수술을 수없이 많이 받으셨습니다. 당시에는 완치가 불가능하다고 하여, 돌아가실지도 모른다고 해서 밤에 엄마가 돌아가실까 봐 운 날이 많았습니다. 애초에 몸이 워낙 약한 분이기에 이겨내실 것 같지 않았기 때문입니다. 그런데 놀랍게도 엄마는 완치가 되셨습니다. 괴롭고 괴로운 항암 치료를 버티신 이유는 나와 동생 때문이었습니다. 아빠 때문도 있을 테고요. '지금 내가 이걸 못 버티면 저 어린애들은 어쩌나, 계모가 구박하겠지'와 같은 생각을 하셨던 것 같습니다. 하지만 솔로는⋯. 그러한 연결 고리가 조금은 부족할 수 있습니다.

반려동물을 키우면 내가 없으면 안 되는, 온전히 나에게 의존하고 있는 생명체로 인해 삶의 목표가 커지는 면이 있습니다. 연애가 삶의 의미가 되어야 한다는 것은 아니나, 어쨌든 내 삶의 의미를 더해 주는 사람은 필요하지 않을까요.

연애를 하지 않을 때는 친구들과 우정을 나누는 것만으로도 충분히 행복하다고 생각했습니다. 그 당시 행복했던 것은 다행이나, 그 관계가 영원할 거란 기대가 헛된 것이라는 사실을 너무 빨리 직면하게 되었습니다.

"보통 여자들이 회사 생활 하다가 서른쯤 되면 허무해지니까 맛집을 막 찾아다녀. 맛집 투어하고 그러다 서른두세 살부터 중반까지는 해외여행을 엄청 다녀. 이제 회사에서 짬이 되니까 휴가도

붙여 쓸 수 있고 돈도 좀 있는 거지. 이때는 뮤지컬이니 뭐니 비싼 문화생활도 엄청 해. 그러다가 서른 중반 넘어가면 시들해지더라. 마음이 허하니까 공부를 해, 뭘 막 배워. 내 주위에서 보면 그런 패턴이 많더라고."

한 지인이 이 말을 하자 격하게 공감되면서 동시에 허탈해졌습니다 내 얘기인 줄 알았습니다. 나는 '홍길녀'(동에 번쩍 서에 번쩍 한다는 의미)라는 별명까지 붙었습니다. 서른둘부터 서른다섯 무렵까지 해외여행 열심히 다니고, 뮤지컬 보러 다니고, 맛집 다 섭렵할 기세로 돌아다녔습니다. 새로운 사람을 만나고 새로운 경험에 돈과 시간을 쏟아 부었습니다. 그러다가 어느 순간 사람 만나는 것, 맛집도, 뮤지컬도, 여행도 시들해졌습니다. 예전에는 쉬는 날 약속이 없으면 왕따 같아 싫었는데, 이제는 한 달 중에 약속 있는 날이 5일이 넘어가면 미리부터 마음이 불편합니다.

더 허탈한 것은 영원무궁할 것 같던 친구들과 멀어지는 것이었습니다. 먼저 기혼녀와 미혼녀로 나뉘어, 흔히 기혼들은 '미혼은 몰라'라며 무시하거나 '아직 아가씨잖아. 집에서 기다리는 사람도 없으면서 왜 집에 가' 같은 이야기 등으로 미혼을 근심걱정 없는 아이처럼 취급하며 구분을 하기 시작했습니다. 기혼녀 사이에서는 또 전업맘과 직장맘으로 갈려 전업맘은 전업맘대로, 직장맘은 직장맘대로 애로사항을 겪고 있었습니다. 대충 구도가 전업맘 : 직장맘 : 솔로녀쯤 되는데, 전업맘 간의 유대 관계나 직장맘들의 공감대와는 달리 솔로녀들은 모래알 같았습니다.

그도 그럴 것이 30대 후반의 솔로녀로 직장에서 잘 나가서 살아남은 사람은, 희소성이 있는 경우가 많습니다. 어차피 직장 동료 관계여도 기왕이면 미혼이 좋다는 인식이 있습니다. 이때 중요한 점은 나이 어린 솔로녀와 또래 솔로녀가 없어야 한다는 점입니다. 그래야 혼자 있는 미혼 여자로서의 프리미엄을 톡톡히 누릴 수가 있습니다. 그래서인지 또래 여자를 달가워하지 않았습니다.

　어쩌다 만난 또래 중 일부는 우울해하며 혼자의 굴로 들어갔습니다. 30대 후반이 되어 가는데 뭐 하나 한 것 없고, 스스로 별 볼 일 없다며 우울해하는 것입니다. 상대적으로 '너는 그래도 책이라도 썼잖아'라거나 '너는 그래도 공부라도 더 했잖아' 같은 선을 그으며 거리감이 생겼습니다. 저도 우울한 혼자의 굴 타입 중 한 명인데, 저는 저대로 '쟤는 번듯한 직장 있고 내 입장을 이해 못하지' 같은 생각을 했습니다.

　예민한 또래도 있었습니다. 30대 후반의 외로움을 이야기했더니, 자기는 전혀 아니라며 화를 냈습니다. 흔히 말하는 노처녀 히스테리를 부리는 것만 같았습니다. 대단한 자신감에 차 있는 척하나 방어적이며 예민합니다. 농담 한마디 던지기가 어렵습니다. 고슴도치처럼 뾰족뾰족한데 본인은 괜찮다며 자각을 못하기에 다가가기가 어렵습니다. 결국 혼자입니다.

　비단 서른일곱의 솔로 여자라서만은 아니었습니다. 나이를 먹으니 더 이상 사람에게 맞추는 것이 싫어졌습니다. 맞춘다고 맞아지는 것도 아닌 것 같고, 66 사이즈 몸뚱이를 44 사이즈 옷에 끼워

넣고 숨도 못 쉬겠는데 날씬해 보이지 않냐 하며 좋아하고 있는 것 같은 느낌이었습니다. 서로 안 맞는 사람에게 맞추면서 어떻게든 연을 이어가려고 하는 것은, 욕심 같이 느껴졌습니다. 각자의 주관 혹은 고집이 세진 것도 원인이었습니다. 어릴 때는 귀가 얇습니다. '넌 이런 것 같아'라고 하면 상처도 쉬이 받되 그만큼 바뀔 가능성도 있습니다. 하지만 나이를 조금씩 먹어 가면 이런 말을 꺼내지 않는 것이 좋고, 용기를 내서 하면 마음에 담아두고 밀어지기 쉽습니다.

가족도 확장되며 축소됩니다. 처음 동생이 결혼했을 때는, 넷밖에 없던 가족이 다섯이 되어 기뻤습니다. 조카까지 태어나자 화기애애함도 늘었습니다. 하지만 어느 순간 늘어난 듯한 가족은 줄어들었습니다. 조카가 자라고 동생 내외는 독립적인(자기들 살기에도 바쁜) 남 같은 가족이 된 것입니다.

스멀스멀 자라난 세포가 분리되는 과정 같습니다. 나도 떨어져 나오자, 부모님은 부모님만의 공동체, 나는 나 혼자의 공동체, 동생네는 동생네의 공동체로 세포 분열이 일어났습니다. 식구라는 뜻이 한솥밥을 먹는다는 뜻이라는데, 각자 자기 살림이라는 것이 생기니 확실히 식구의 개념이 아니었습니다. 친족은 맞으나 내 식구는 아니더군요. '누군가'가 필요하긴 했습니다.

여태껏 나도 몰랐던,
나의 재발견

솔로일 때의 성격과 연애 중의 성격이 사뭇 달라지곤 했습니다. 혼자 있을 때는 자립심이 세지고, 전투력이 좋아졌습니다. 문제가 있을 때 나 대신 해결해 줄 사람도 없고, '여자 혼자 산다고 무시하나' 하는 자격지심이 불끈불끈 튀어나올 때면 악다구니를 쓰고 싸우기도 했습니다. 하지만 남자친구가 생기면 내가 악다구니를 쓸 필요가 없었습니다. 아직도 여자가 뭐라 하면 땍땍거린다고 귓등으로 흘려듣고, 남자가 와서 말하면 바로 수용하는 얍삽한 사람들이 있다는 사실이 참 씁쓸하지만, 불편한 상황에서 나 대신 남친이 나서면 쉽게 해결되는 일들이 많았습니다.

솔로일 때 집주인 아주머니께 "수도가 고장 나서요"라고 하면 바로 아주머니 남편에게 전화기가 넘어가고, 무슨 말만 하면 죄다 남편에게 토스되는 것에 화가 나기도 했습니다. 그 아주머니는 오로지 제가 내는 돈을 챙겨 생활비로 쓰는 것만 처리했고, 기타 대응은 전부 남편에게 넘겼습니다. 그때는 주체적인 여성이 아니라며 그렇게 행동하면 안 된다고 생각했는데, 남친이 생기자 제가 그랬습니다.

"이런 거 할 때는 남자가 가면 사기 치려고 들지 않고 바로 해줄 거야"라며 주체적 여성 의식은 어딘가에 넣어두고 남친의 등을 떠밀었습니다. 반대로 남친이 하기 힘들어하는 '여자가 더 잘할 것 같은 일' 또는 '내 성격에 더 맞는 일'을 제가 대신해 주기도 했습니다. 이 과정에서 남친은 남친대로, 저는 저대로 성격 변화가 일어났습니다.

사회적 비교로 인해 '내가 상대적으로 이런 사람이었구나' 하며 나에 대해 다시 생각해 보게 되는 순간도 잦았습니다. 구남친은 내가 뭔가에 꽂혀 아무것도 생각 안 하고 파고드는 것을 못마땅하게 생각했습니다. 멀티플레이가 안 된다며 나무랐습니다. 그는 나나 친구들, 가족 등에서 줄타기를 참 잘하는 사람이었습니다. 상대적으로 나는 사회성이 떨어지고 외골수 같아 보였습니다. 하지만 나보다 사회성이 떨어지는 남친을 사귀니 상대적으로 내가 아주 밝은 사람 같아 보였습니다.

상대적으로 덜렁이가 되기도 했습니다. 구남친에 비해 꼼꼼하고 정확한 편이었기 때문에, 덜렁거린다는 소리를 들어본 적이 없습니다. 반면 저보다 훨씬 꼼꼼한 남친을 만나니 상대적으로 제가 덜렁이 같아 보였습니다. 남친 기준에는 제가 뭔가 대충대충 하고 허당으로 보였나 봅니다. 둘이다 보니 다른 사람들에 비해가 아니라, 서로를 보며 상대적으로 어떤 면들이 두드러져 튀어 나오곤 합니다.

'나는 원래 이런 사람이야'라는 자아상이 있는데, 그것이 도전받을 때는 당황스럽습니다. 긍정적인 방향으로 '음하하, 내가 생각보다 사회성이 있는 사람이군' 이럴 때는 기분이 좋은데, '내가 그렇게 덜렁대나?', '내가 성격이 이상한가?' 같은 생각이 들면 침울해집니다. 그보다 내가 가지고 있던 자아상이 바뀌는 자체가 조금 혼란스럽습니다. '내가 알고 있던 나라는 사람이 이게 아닌가' 하는 질문을 스스로 해결하자니 어렵습니다. 사실은 전부 다 내가 가지고 있던 것들이고, 조명의 위치가 바뀌며 이전과 다른 부분이 드러나는 것뿐일 수도 있습니다.

어쩌면 상대방도 수시로 나로 인해 이런 과정을 겪을 수도 있습니다. 그때 긍정적인 감정이 더 크면, 노래 가사처럼 '널 만나서 우울했던 내가 밝아졌고, 널 만나고 늘 웃게 되고, 널 만나서 행복해졌고…' 같은 소리를 할 테고, 그게 아니라면 자조적인 말을 할 것입니다.

분명한 것은 연애를 하면 호르몬의 화학 작용뿐 아니라, 성격도 생활 양식도 영향을 받고 변한다는 것입니다. 또한 자신의 새로운 모습을 발견할 수 있습니다.

연애 광복절,
감정 주권 회복의 날

저는 '나를 강아지나 아기 좋아하듯 마냥 사랑해 줄' 남자를 찾아야겠다고 생각했습니다. 하지만 실패했습니다. 강아지나 아기를 좋아하듯 나를 사랑해 줄 것 같다는 것은 계산적이지 않고, 굉장히 호의적이며, 희생적이기까지 한 사람일 것 같았는데, 소개팅에서 만나면 계산기 두드리는 것이 훤히 보여 실망하곤 했습니다.

'여자는 자기가 좋아하는 남자 말고, 자기를 좋아해 주는 남자를 만나야 행복하다', '사랑받고 싶다'라는 생각에 완전히 매몰되어, 내가 사랑하면 된다는 단순한 사실을 잊고 있었습니다. 바보같이 주도권을 처음부터 포기하고 있었던 것입니다. 그때는 내가 상대를 예뻐해 줄 수도 있다는 생각을 하질 못했습니다. 학원 강사 시절, 학원에 첫 출근하면 아이들이 경계했습니다. 첫날부터 붙임성 좋게 다가오는 아이는 소수였고, 적대시하거나 경계하는 아이들이 더 많았습니다. 그 아이들과 친해지는 방법은 한 가지였습니다. 정말 예뻐하면 그 아이도 나를 좋아했습니다. '오구오구 우리 강아지'라고 하듯 사랑해 주면 아이들이 행복해했습니다.

하나에서 뭘 깨달았어도 일관성 있는 적용이 잘 안 되곤 하는데, 아이들에게 하듯 남자친구에게도 해줄 수 있다는 생각을 못했습니다. 남자니까, 나보다 덩치도 크니까, 네가 나를 사랑해 줘야 한다며 받고 싶어 했습니다. 반대로 늘 허허벌판에 찬바람 맞는 기분으로 사는 사람에게 소년처럼 대해주고 뭘 해도 예뻐해 준다면 상대 또한 행복해하지 않을까요. '나를 사랑해 줄 사람이 아니라, 누굴 만나든 내가 사랑해 주면 되지'라고 마음을 바꾸던 순간이 제게는 연애 광복절이었습니다.

직장인들이 흔히 하는 푸념 중 하나가 "남의 주머니에서 돈 빼내기가 쉬운 줄 아니?"입니다. 남에게 무언가를 받으려고 들면 힘이 듭니다. 돈이든, 협조든, 작은 관심이든지요. 시키는 입장도 마찬가지입니다. 돈을 줬어도 제대로 일해 주는 사람 찾기가 어렵습니다. '산업및조직심리학'이 발전한 이유가 일하는 사람들이 적극적으로 열의를 가지고 일하게 만들고 싶은 회사의 필요와도 잘 맞아떨어졌기 때문이라고 봅니다. 돈을 주고 복지를 해 주어도 최소한 준 돈 만큼도 일을 안 해 주는 사람도 있으니까요. (물론 좀 더 솔직한 목표는 좀 더 많은 구성원이 자신이 받는 임금에 비해 몇 배 이상의 성과를 내 주는 것이었겠지만요.) 한 마디로 다른 사람을 어떻게 한다는 것은 정말 어렵고, 뭘 끌어내는 것도 아주 힘듭니다. 돈을 줘도 그에 맞는 일을 제대로 해달라는 것도 어려운데, 아무것도 안 줘도 무조건적으로 사랑해 주고 반려동물 예뻐하듯 평생 사랑해달라고요? 비현실적이고 불가능한 목표입니다.

내가 받는 것보다 주는 행위에서 기쁨을 느끼고 끝내는 것은 나의 감정 주권을 되찾은 일이었습니다. 전 늘 상대에게 안테나를 세우고 있었기에 상대의 반응에 예민했습니다. 제가 베풀었는데 고맙다고 안 하면 괜한 짓을 한 것 같아 짜증이 났습니다. 내가 한 것에 대해 내가 평가하는 것이 아니라, 상대의 반응으로 평가를 했기 때문입니다. 상대가 고마워하지 않으면 소용없는 일이라고 여겼습니다. 내가 이 구역의 호구 같았습니다.

그러던 중 애덤 그랜트의 '호구 성공학'을 읽고 놀랐습니다. 펜실베이니아 와튼 스쿨의 애덤 그랜트(Adam Grant) 교수는 성공한 사람들이 어떤 성향을 가지고 있는지 연구를 했는데, 뜻밖에 세계에서 가장 성공한 사람들이 호구라고 합니다. 호구가 아닌, 이기적으로 남에게서 빼앗고 양심의 가책이라고는 없는 사람들이 성공하는 것처럼 보였는데, 의외의 결과였습니다. 실제 책 제목은 '호구 성공학'이 아니고, 『기브 앤 테이크』(생각연구소, 2013)입니다. '기브 앤 테이크'는 당연한 진리라 생각하나 실제로는 사람마다 '주고받음'에 대한 호혜 원칙이 다릅니다. 어떤 사람은 받은 만큼 준다고 생각하고, 어떤 사람은 받을 거 생각 안 하고 주어야 한다고 생각하고, 어떤 사람은 준 거보다 많이 받으면 좋다고 생각합니다. 책에서는 비슷비슷하게 주고받으려는 사람을 '매처(matcher)', 주는 것보다 받으려는 사람을 '테이커(taker)', 받기보다 주려고 하는 사람을 '기버(giver)'라고 구분했습니다. 성공한 사람들의 성향을 조사해 보니, 흔히 예상하듯 성공률이 가장 낮은 사람이 기버, 중간이 매처, 다음이 테이커였는데, 뜻밖에 대성한 사람도 기버였습니다. 제 몫부터 챙기는 테이커가 성공한다고 생각하는 상식을 뒤엎는 결과였습니다. 크게 성공한 사람들은 받기보다 주려고 하는 기버였다니요.

성공하는 기버는 '나만 호구지'라며 억울해 하지 않고 베푸는 사람이었고, 그렇다고 마구 베푸는 사람도 아니었습니다. 봉사 단체에서 구호하듯 누구에게나 잘하려고 애쓰면서 스트레스를 받는 것이 아니라 적절히 베풀었습니다. 이를 '이기적 이타주의자'라고 표현을 하더군요. 실패한 기버가 '호구'라면 성공한 기버는 '베풀 줄 아는 사람'이었습니다. 훌륭한 기버들은 또 다른 기버를 잘 만나게 되고, 그로 인해 더 크게 성공을 하게 된다고 합니다.

'조건 없는 호의'는 사람의 사회에 대한 인식을 바꿉니다. 단 한 번이라도 누군가로부터 조건 없는 호의를 받아본 적이 있는 사람은 사회가 따뜻한 곳이라 생각한다고 합니다. 곰곰이 받은 것들을 떠올리다 보니, 고마운 얼굴이 한 명, 두 명 떠올랐습니다. 그러다 보니 죄책감이 들었습니다. 난 늘 나 혼자 퍼주고 당하는 호구라고 생각했는데, 실제로는 받기만 하는 이기적인 테이커였던 것 아닐까 하고요.

이전에는 내가 받은 것은 까맣게 잊고 나만 주고 있다고 생각하니 억울했는데, 나도 다른 사람들에게 항상 은혜 입으며 살고 있다고 생각하니, 상대의 반응과 관계없이 기분이 좋아졌습니다.

남자친구에게도 이렇게 생각하니 행복했습니다. 그저 감사하고, '호의를 베푼 사람에게 되갚지 못하더라도 다른 이에게라도 나누겠다' 마음먹고 살아 보는 것은 어떨까요?

내 몸부터 살피는
마음 돌봄

깨달은 것을 일관성 있게 실천할 수만 있다면 얼마나 좋을까요. 바로 앞에 기술한 내용을 보면 나는 득도한 도인 같습니다. 문제는 실천이 어렵다는 것이었습니다. 마음이 평온하고 좋을 때는, '나는 받은 게 너무 많아. 감사한 분들은 또 얼마나 많은지, 아! 세상은 아름다워'이지만 조금만 예민해져도 마음에 태풍이 몰아칩니다. 애써 자존감 높이기 연습을 하고 있어도 짜증이 나고 마음이 안 좋아지면 '왜 나만 갖고 그래? 내가 만만하지? 진짜 억울하고 더러워서라도 성공해야지. 어디 서러워서 살겠나'라면서 울기도 하고, '돈 없다고 나 무시하는 건가? 난 더 좋은 거 사서 네가 배 아파하게 만들고, 널 무시해줄 테다' 같은 유치하기 짝이 없는 복수도 생각합니다. 이럴 때면 가족이고 연인이고 다 공격 대상이 되어 버립니다. 내 편이어야 할 연인, 가족, 친구조차 나를 힘들게 하는 못된 이들로 느껴집니다. '지겹다. 지겨워. 나만 이해해? 왜 맨날 나만 이해해? 응?', '짜증 난다' 같은 부정적 감정들이 마음에서 폭죽 놀이하듯 펑펑 터지면 이성을 잃습니다. 아무도 없는 시골에 가서 혼자 살고 싶다거나, 돈 엄청 많이 벌어서 다 무시해 줄 테다 같은 뜬금없는 결론에 다다르기도 합니다. 이처럼 생각과 달리 마음은 말을 안 듣는 이유는 뭘까요?

칩 히스(Chip Heath), 댄 히스(Dan Heath)가 쓴 책 『스위치』(웅진지식하우스, 2010)에서는 이성과 감정을 코끼리와 기수에 비유했습니다. 이성이라는 것은 감정이라는 거대하고 힘센 코끼리 위에 올라탄 왜소한 기수에 불과하다고 본 것입니다. 코끼리가 기분이 좋을 때는 기수가 시키는 대로 곡예도 하고, 산책도 할 수 있지만, 코끼리가 성나면 언제든 기수를 떨어뜨려 버릴 수도 있고 공격할 수도 있습니다. 이성으로 마음을 통제할 수 있는 것이 아니라는 것입니다.

일상에서도 마음보다는 이성이 중시되고, 마음은 통제 대상으로 취급되고 있습니다. 연인과 헤어져서 너무 슬퍼도, 직장에서 슬픈 티를 내면 무능한 인간이 됩니다. 자기 감정 하나 통제하지 못하는 모자란 사람이랄까요. "난 아버지 돌아가셨을 때도 일했어", "하기 싫어도 티 안내고 하는 게 사회생활 능력이지" 같이 감정을 꽁꽁 메어 두는 것이 자랑거리가 됩니다. 우리 사회에서 마음은 어떠한 노력 없이 통제 가능한 대상으로 여기고 있습니다.

그렇지만 마음은 머리로 통제할 수 있는 대상이 아닙니다. 마음은 힘센 코끼리라 언제든 위에 올라탄 조그만 이성을 떨어뜨려 버릴 수 있습니다. 한순간에 생각만 바꿔서 마음이 싹 바뀔 거라는 자체가 오만한 발상이었습니다. 평생에 걸쳐 마음을 닦아도 끝이 없을 터인데, 머리로 마음을 쉽게 통제할 수 있다니요? 수시로 마음이 '싫어, 나 안 해', '하기 싫어', '이 상황 짜증 나, 긍정적이기 싫어'라며 반란을 일으키는 게 당연하고 자연스럽습니다. 마음은 '다스릴' 대상이 아니라, '닦으며 수행할' 대상입니다.

이러니 내가 언행불일치가 빈번히 일어나고, '전 생각을 바꿔 행복해졌어요'라고 했다가도 우울하면 부정적인 생각들에 괴로워하는 것도 자연스러운 일일 것입니다. 수행이 부족해도 한참 부족한데, 갑자기 득도한 사람 같아질 수 없습니다. 그래서 짜증이 나고, 싸우고 싶고, 누군가에게 탓을 돌리고 싶습니다. 탓하고 싶은 대상이 곁에 있는 애인이 될 때면 스스로 점검을 해 봅니다.

- 오래 앉아 있어서 어깨가 걸리고 아픈가?
- 생리를 할 때 되었나? 아랫배가 살살 아프거나 몸살처럼 근육통이 오는 상태는 아닌가? 혹은 주체할 수 없이 짜증이 나는 생리 전 증후군은 아닌가?
- 배란통인가?(생리통의 친구 배란통도 있다. 역시 아랫배가 사르륵 아프고 컨디션이 좋지 않을 수 있다.)
- 요즘 잠을 잘 못 자는가? 야근이 많았거나 바빴거나 피곤한 거 아닌가?
- 요즘 몸이 지속적으로 안 좋은가?

주로 몸부터 살펴보는 이유는, 사람은 몸의 영향을 많이 받아서입니다. 건강한 몸에 건강한 정신이라는데, 이는 반대도 성립합니다. 건강하지 않은 몸에 건강하지 않은 정신이 들곤 합니다. 근육통, 생리, 배란통, 수면 장애, 피로 누적 등에서 '그렇다'라는 생각이 들면 핫팩 하나 뜯어서 아랫배에 붙이거나, 일이 많아도 가능한 일찍 퇴근해서 자거나, 주말만큼은 쉬는 조치를 취합니다. 여기서 해답이 안 나오면 다음 점검으로 넘어갑니다.

- 어제 잘 잤나?
- 배고픈가?
- 당 떨어졌나?

통계 프로그램이 안 돌아가서 낑낑대다가 원인을 찾고 보면 사소한 마침표나 쉼표 하나 빠져서 안 돌아가는 경우가 많습니다. 기계의 오류뿐 아니라, 자신이 신경질을 뿜어내며 서운함을 느끼고 뭔가 감정이 요동칠 때는 전날 잠을 잘 못자서 목이 뻐근하다거나, 현재 배가 고프다거나(저는 배고프면 포악해지는 사람입니다.), 머리를 많이 써서 당 떨어진 느낌이 들며 현기증이 날 때인 경우가 많습니다. 이때는 밥만 잘 먹어도 금방 상태가 좋아집니다. 초콜릿 한 개만 우물거려도 금세 헤헤거리며 긍정적인 마음으로 돌아가기도 합니다. 여기서도 답이 시원치 않으면

- 뭔가 마음에 걸리는 것이 있었나?
- 신경 쓰이는 것이 있나?

등으로 넘어가며 자신의 상태를 봅니다. 제가 연인과 헤어졌을 때, 싸웠을 때, 친구들이 싸우고 헤어지고 이혼할 때 등을 살펴본 결과, 개인의 건강이 안 좋을 때가 압도적으로 많았습니다. 몸이 계속 안 좋아서 병원 다니고, 예민하고 짜증이 나니 사소한 것도 넘어가질 못했던 것 같습니다. 그 다음으로는 돈 문제일 경우가 많습니다. 일이 잘 안 되어서 스트레스 받거나요. 외부적 요인이든 내부적 요인이든 간에 마음 상태가 안 좋을 때 관계가 끝이 났습니다.

당시에는 스스로가 예민하거나 사소한 것에도 날이 서 있다는 것을 자각하지 못합니다. 오래 지난 뒤, 마음의 여유가 생기는 어떤 날이 되어서야 '그때 내가 좀 양보할걸', '그러지 말걸'이라는 후회가 될 뿐입니다. 같은 실수를 반복하고 싶지 않으니 내 마음부터 돌아봅니다. 다음으로는 내가 상대에게 한 짓을 돌아봅니다.

- 요즘에 경청하지 않고 건성으로 듣지 않았나?

뜻밖에 여기에서 걸릴 때가 꽤 있습니다. '경청'해야 한다고 하니, 다른 사람들에게는 잘 들어주는 척이라도 하는데, 오히려 연인에게는 '척'조차 안 합니다. 바쁘거나 피곤하면 대충 듣습니다.

말을 하다가 "나 그만 말할까?", "바쁘지? 할거 해"라고 하면 그제야 아차합니다. 소중한 사람이니 더 열심히 들어줘야 하는데, 가깝다고 소홀히 하는 몹쓸 버릇이 나온 것이지요. 눈을 맞추며 관심을 듬뿍 담아 대화해도 뭔가 이상하다면 상대의 상태도 점검해봐야 합니다.

- 요즘 상대방이 몸이 안 좋은가?
- 피곤한가? 만성 피로에 예민해진 것은 아닌가?
- 컨디션이 안 좋은데 모르고 있었나?

이것도 꽤 맞을 때가 많습니다. 이때는 어깨라도 한 번 주물러주고, 쉬게 도와줍니다. 한국인들의 대부분은 만성 피로를 달고 살기에 하루 저녁 쉰다고 나아지지는 않습니다. 만성 피로 때문에 극도로 예민해진 경우에는 2~3주 혹은 한 달 정도 배려하면 원래의 좋은 사람으로 돌아올 것입니다. 생각처럼 다 통제가 되면 좋겠지만, 몸이 조금 안 좋거나, 상황이 나빠졌거나, 스트레스 받는 일이 있으면 뜻대로 안 되는 때가 부지기수인 것입니다.

마음을 바꿔서 행복해지기로 했고 행복했는데, 어느 날 피곤하고 짜증이 나서 남친과도 싸우고 일도 잘 안 풀린다고 해서 실패로 생각지 않기로 했습니다. 여러 날 중에 마음이 평온하거나 행복한 날이 하루라도 많으면 잘하고 있는 거라 생각하기로 했습니다. 일주일 중에 마음이 평온한 날 며칠, 우울한 날 며칠 이렇게 세지는 않았으나, 화나는 횟수가 줄어든 것 같으면 잘하고 있다고 생각하고, 짜증을 덜 내는 것 같으면 잘하고 있다고 스스로 쓰담쓰담 하고 있습니다.

지난 시험에서 70점을 받았으면 다음에는 최소한 71점은 받아야만 합니다. 70점 받았다가 50점이 될 수도 있고, 80점이 될 수도 있다며 유연하게 받아들이는 게 쉽지 않습니다. 유연한 생각은 한 번도 배워 본 적이 없기 때문입니다. 지난번보다 못하면 스스로가 한심해 견딜 수 없을 뿐입니다. 인간관계도 시험 점수처럼 지난번보다 좋아지기만 해야지, 행여 관계가 안 좋아지면 못 견딥니다. 안 싸우던 사이인데 요즘에 자꾸 싸우면, 80점 받다가 50점으로 점수가 떨어진 것처럼 괴롭습니다. 뜻대로 잘 안 될 때 스스로를 한심해하지 않으면서 '그럴 수도 있지'라고 하는 것이 참으로 힘든 것입니다.

득도한 사람처럼 마음을 비우고 행복할 때도 있고, 밴댕이 소갈딱지처럼 못나게 굴 때도 있습니다. 둘 다 나 자신입니다. 항상 좋은 생각, 좋은 마음으로만 살 수는 없습니다. 나뿐 아니라 상대도 마찬가지입니다. 늘 넓은 아량으로 날 이해하고, 나에게 맞춰주고 자신도 다스리며 살기는 어렵습니다. 둘 다 다섯 살 꼬마처럼 더없이 유치하게 부딪히는 날도 있고, 득도한 수도자들처럼 너그러운 날도 있는 것입니다. 이런 날도, 저런 날도 있습니다. 결심한 대로 완벽하게 되지 않아도 괜찮습니다. 조금, 아주 조금만 더 마음이 행복해졌으면 그걸로 된 것입니다.

연애할 기운은 없지만,
연애하고 싶어요

"그럼 정서안정성이 낮은 나 같은 조울증은 연애하지 말라는
거야?"

아뿔싸. 이 질문에 식은땀이 났습니다. 책을 쓸 때는 직접 얼굴
을 맞대지는 못하지만 종이를 사이에 두고 마주보게 되는 분을 상
정하고 있습니다. 저는 연애할 기운은 없지만 연애는 하고 싶은
좋은 사람을 떠올리고 있었습니다. 좋은 분들이 연애하며 기력을
빼앗기지 않도록 '좋은 사람'을 만날 수 있도록 팁을 드리고 싶었
지요. 그 과정에서 한 가지를 간과했습니다.

모호하지만 '좋은 사람'들은 대체로 자기 성찰을 잘 합니다. 때
로 타인에게는 관대하나 자신에게는 더 없이 엄격한 이들도 많습
니다. 자기 감찰(self-monitoring)은 심리학자 스나이더(Snyder)가
정리한 개념으로, 타인과 상호 작용할 때 자신의 생각, 감정, 행동
에 대해 스스로 주의 깊게 관찰하면서 조정하고 통제하고자 하는
것입니다. 자기 감찰 경향이 높은 사람은 자신이 상황에 맞게 적
절하게 행동했는지 신경을 많이 씁니다. 자신에 대해 늘 돌아보
고 생각해 보니 그만큼 피곤하겠지만, 그 덕분에 자기 감찰 능력

이 좋은 사람과 함께 있는 사람들은 편안해 집니다. 어쩌면 책을 읽으며 자신과 맞춰 보며 남에게 폐를 끼치는 모습이 나의 모습이 아닐까 걱정되고 불편함을 느끼시는 것 역시 자기 감찰 능력이 좋다는 반증이 아닐까 합니다.

자신을 되돌아보고, 자신에 대해 예민하게 인식한다는 것은 참 좋은 일이나 당사자에게는 기운 빠지는 일이기 쉽습니다. 이처럼 '인식하고 있다'만으로는 충분치 않은 느낌이 드는 탓입니다. 인식했으니 고친다거나 무언가 해야만 할 것 같은 압박감이 느껴지지요. 정서 안정성이 낮은 것 같다고 느꼈다면, 그것을 해결하기 위해 무언가 해야'만' 할 것 같은 겁니다. 하지만 '고쳐야만 돼'는 지금까지 이야기한 자존감 고양 프로젝트와는 반대되는 이야기입니다. 나는 나에 대해 민감히 감찰하고 있고, 되돌아보며 살고 있고, '인식하고 있다'는 것만으로도 충분합니다. 그 사실을 알고 나 자신을 받아들인다는 것, 당신이 그런 사람이라면 당신은 정말 '좋은 사람'이라는 뜻입니다.

참고문헌

- 〈부부의 유사성과 결혼 만족도 간의 관계〉, 고재홍, 전명진, 한국심리학회지: 사회 및 성격, 2003

- 〈부부클리닉 방문부부의 MBTI 성격유형과 결혼만족도, 이혼가능성, 긍정적 감정, 갈등조정 방식의 관계〉, 공성숙, J Korean Acad Nurs, 2010

- 〈연령대에 따른 결혼만족도 차이 및 영향요인 비교〉, 김미녕, 세1회 여성가족패널 학술대회 논문집, 2008

- 〈기브 앤 테이크〉, 애덤 그랜트 저, 윤태준 역, 생각연구소, 2013

- 〈부부의 MBTI 성격유형의 유사성과 의사소통 및 결혼만족도의 관계〉, 윤호균, 이선희, 한국심리유형학회지, 2000

- 〈스위치〉, 칩 히스, 댄 히스 저, 안진환 역, 웅진지식하우스, 2010

- 〈현대 심리학 이해〉, 현성용, 김교헌, 김미리혜, 김아영, 김현택, 박동건, 성한기, 유태용, 윤병수, 이봉건, 이순묵, 이영호, 이재호, 이주일, 전영선, 채규만, 한광희, 황상민, 학지사, 2003

- 〈데이트 관계의 형성과 발전에 관련된 변인들〉, 홍대식, 한국심리학회지: 사회 및 성격, 1998

- 〈텔레비전 시청이 연애에서의 소비 및 소비 수준에 대한 인식에 미치는 영향〉, 이주현, 김은미, 한국언론 학보, 2012

- 〈Social cognition: From brains to culture〉, Fiske, S. T & Taylor, S. E, Sage, 2003

- 〈A typology of styles of loving. Personality and Social Psychology Bulletin〉, Lee, J. A, 1977

- 〈Does television viewing cultivate unrealistic expectations about marriage?〉, Segrin, C., & Nabi, R. L., Journal of Communication, 2002

- 〈Beliefs about relationships in relation to television viewing, soap opera viewing, and self-monitoring〉, Haferkamp, C. J., Current Psychology, 1999

- 〈Why we love: The nature and chemistry of romantic love〉, Fisher, H., Macmillan, 2004

- 〈Managing Stress: Emotion and Power at Work〉, Newton, T., SAGE Publications, 1995